敦煌

DUNHUANG

从新石器时代到今天
Du Néolithique à nos jours

◎ Écrit par Zhao Xiaoxing
◎ Illustré par Zhao Peng
◎ Traduit par Jacques Fourrier

朝華出版社
BLOSSOM PRESS

Aujourd'hui, je vous propose de nous rendre à Dunhuang. Suivez-nous !

Dunhuang abrite les grottes de Mogao, un site inscrit sur la liste du patrimoine mondial de l'UNESCO. Elles contiennent les plus belles peintures murales de la Chine ancienne.

C'est l'endroit idéal pour profiter de la beauté de la montagne des Sables chantants et de la source du Croissant de lune. Vous pouvez également faire une promenade à dos de chameau dans le désert.

Dunhuang produit les raisins, les abricots et les melons les plus sucrés de la région.

Autrefois fort militaire d'importance stratégique, Dunhuang était également une plaque tournante pour les échanges entre l'Orient et l'Occident le long de l'ancienne Route de la soie.

C'était véritablement une métropole dans l'Antiquité.

En tant que porte d'entrée vers les contrées occidentales, Dunhuang s'étendait sur une vaste zone comprenant le bassin de la rivière Danghe et le bassin de la rivière Shule.

C'est la passe de Yangguan. Une fois arrivé à ce point, le passage vers l'ouest est facile. Vous auriez fait fortune en vendant cette soie dans l'Empire romain.

C'est la passe de Yumen. Dunhuang est de l'autre côté. Vous passerez un bon moment là-bas. Pourriez-vous me montrer votre permis de circuler ?

Les activités humaines à Dunhuang remontent au Néolithique. On y a découvert des outils et traces de récoltes datant de 1600 av. J.-C. et des vestiges datant de 1000 av. J.-C.

Ancient people used farming tools such as stone axes and adzes to grow crops like wheat and millet.

Ils fabriquaient des produits de consommation courante en terre cuite, ainsi que des flûtes globulaires en terre cuite appelées *xun*.

Ils utilisaient des pointes de flèches en pierre et d'autres outils fins et faciles à transporter pour chasser les animaux sauvages, notamment les cerfs, les gazelles de Mongolie et les antilopes.

乌孙人

月氏人

Selon les archives, Dunhuang était à l'origine un lieu où les nomades pouvaient s'installer et prospérer. Les tribus nomades Wusun et Yuezhi y vivaient autrefois.

天山

乌孙人

月氏人

Entre la fin de la dynastie des Qin et le début de la dynastie des Han, les deux tribus s'affrontèrent et le chef des Wusan fut tué. Cette défaite contraignit la tribu à se replier au nord des monts Tianshan.

Au début du IIe siècle avant J.-C., les Xiongnu, un autre groupe nomade, prirent le pouvoir et prirent le dessus sur les Yuezhi pour prendre le contrôle du corridor du Hexi et des contrées occidentales.

La majorité des Yuezhi furent alors contraints de se replier vers le bassin de la rivière Ili. On les appela plus tard les « grands » Yuezhi. Ceux qui étaient restés à Dunhuang furent appelés les « petits » Yuezhi.

Au cours des premières années de la dynastie des Han occidentaux, les Xiongnu régnaient sur le corridor du Hexi et envahirent à plusieurs reprises la frontière nord de la dynastie des Han. Ils constituèrent une véritable menace pour le transport et les échanges entre la Plaine centrale et les contrées occidentales.

En 121 av. J.-C., Huo Qubing, un général renommé de la dynastie des Han occidentaux, lança deux attaques contre les Xiongnu et reprit le contrôle des Han sur le corridor du Hexi. Deux préfectures, Wuwei et Jiuquan, furent établies dans la région pour renforcer le pouvoir des Han.

En 139 av. J.-C., l'empereur Wu envoya Zhang Qian, un émissaire des Han, dans les contrées occidentales. À la tête d'une colonne de 100 hommes, Zhang fut capturé par les Xiongnu alors qu'il se dirigeait vers le corridor du Hexi.

Il ne put s'échapper qu'en 129 av. J.-C. Il continua vers l'ouest, passant par Ferghana et la Sogdiane, avant d'arriver dans la contrée des « grands » Yuezhi, puis en Bactriane où il passa plus d'un an.

Sur le chemin du retour, Zhang fut de nouveau capturé par les Xiongnu. Il réussit à s'échapper en 126 av. J.-C. avec l'aide de sa femme Xiongnu et de son assistante Ganfu, en profitant des troubles dans cette région. Son expédition constitua le premier contact officiel entre la Plaine centrale et les contrées occidentales, et il resta dans les mémoires comme un pionnier qui avait tracé la voie à suivre.

En 111 av. J.-C., les Han créèrent deux nouvelles préfectures, Zhangye et Dunhuang, et construisirent la Grande Muraille de Jiuquan à l'ouest de Dunhuang. Les passes de Yumen et de Yangguan furent fortifiées pour protéger Dunhuang des invasions. Dunhuang devint ainsi un avant-poste militaire et la porte d'entrée vers les contrées occidentales.

Nous n'avons plus peur des invasions des Xiongnu !

河仓城

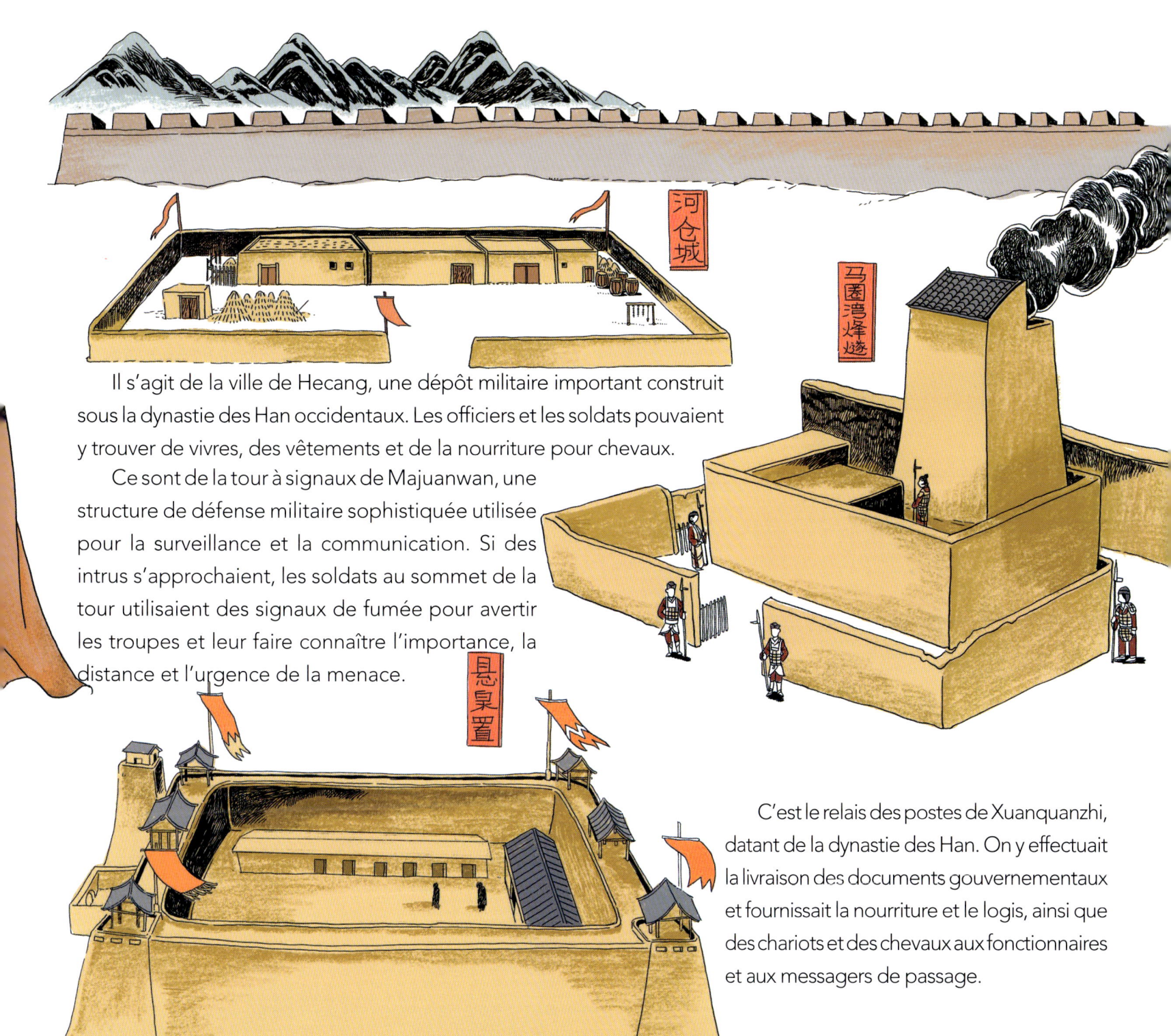

马圈湾烽燧

Il s'agit de la ville de Hecang, une dépôt militaire important construit sous la dynastie des Han occidentaux. Les officiers et les soldats pouvaient y trouver de vivres, des vêtements et de la nourriture pour chevaux.

Ce sont de la tour à signaux de Majuanwan, une structure de défense militaire sophistiquée utilisée pour la surveillance et la communication. Si des intrus s'approchaient, les soldats au sommet de la tour utilisaient des signaux de fumée pour avertir les troupes et leur faire connaître l'importance, la distance et l'urgence de la menace.

悬泉置

C'est le relais des postes de Xuanquanzhi, datant de la dynastie des Han. On y effectuait la livraison des documents gouvernementaux et fournissait la nourriture et le logis, ainsi que des chariots et des chevaux aux fonctionnaires et aux messagers de passage.

Sous la dynastie des Han occidentaux (202 av. J.-C. à 8 apr. J.-C.), la préfecture de Dunhuang comptait six comtés sous sa juridiction : Dunhuang, Longle, Xiaogu, Guangzhi, Yuanquan et Ming'an. Tous ces toponymes avaient une signification particulière.

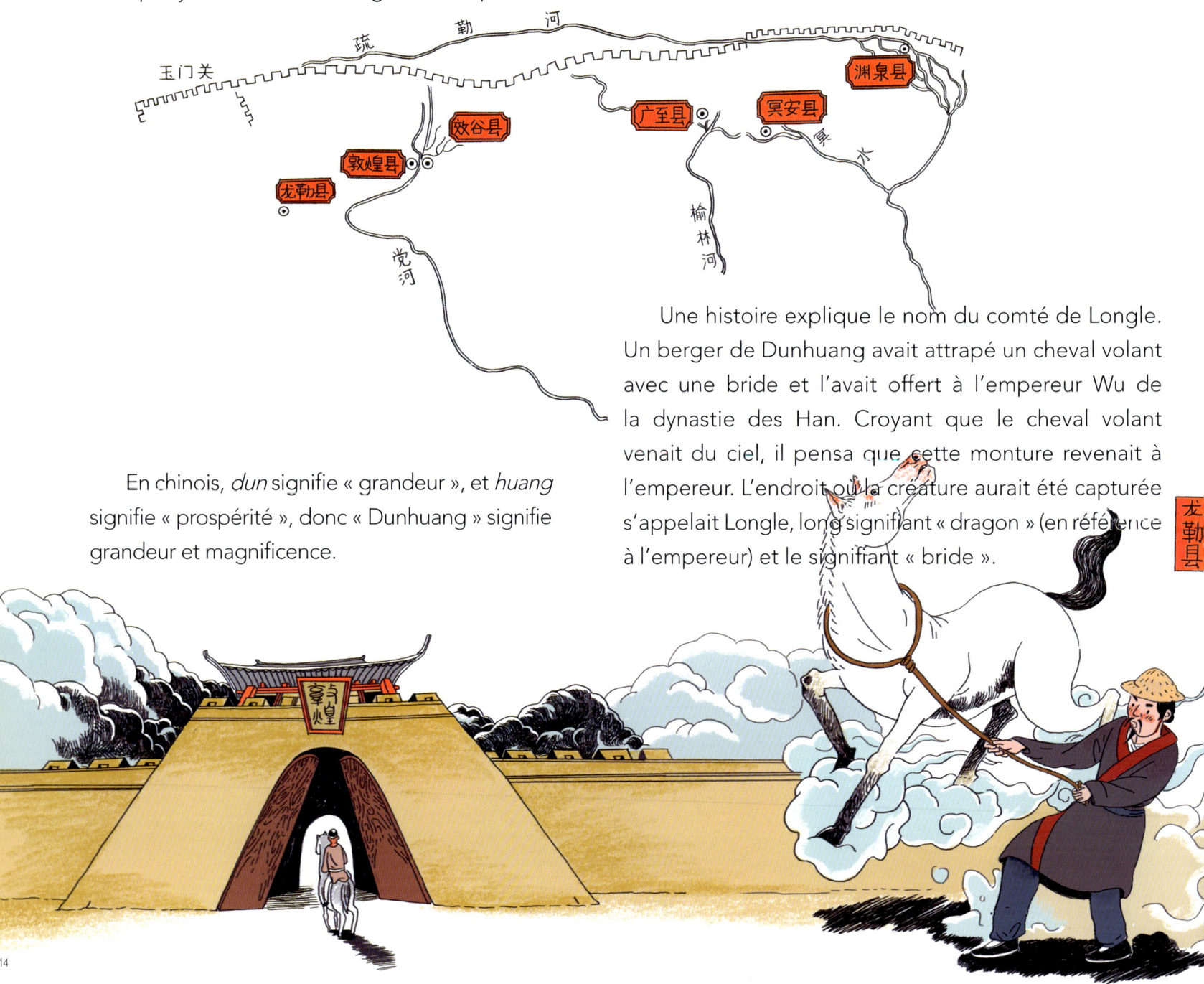

En chinois, *dun* signifie « grandeur », et *huang* signifie « prospérité », donc « Dunhuang » signifie grandeur et magnificence.

Une histoire explique le nom du comté de Longle. Un berger de Dunhuang avait attrapé un cheval volant avec une bride et l'avait offert à l'empereur Wu de la dynastie des Han. Croyant que le cheval volant venait du ciel, il pensa que cette monture revenait à l'empereur. L'endroit où la créature aurait été capturée s'appelait Longle, *long* signifiant « dragon » (en référence à l'empereur) et *le* signifiant « bride ».

Le comté de Xiaogu s'appelait autrefois Yuzezhang. Sous la dynastie des Han, Cui Buyi, son bailli, enseignait aux habitants comment cultiver la terre et les encourageait à travailler avec diligence (*xiao*) afin de récolter des céréales en abondance (*gu*). Le comté a été nommé ainsi en l'honneur de ce bailli et de son éthique.

Le comté de Yuanquan doit son nom aux nombreuses (*yuan*) sources d'eau (*quan*) de la région. Cela en dit long sur le climat de Dunhuang dans le passé, qui n'était pas aussi sec qu'aujourd'hui.

L'empereur Wu de la dynastie des Han occidentaux transféra à plusieurs reprises les habitants de l'intérieur des terres vers Dunhuang et les mobilisa avec des soldats pour préparer davantage de terres à l'agriculture.

À cette époque, Dunhuang commençait progressivement à devenir un important centre de transport et de commerce entre l'intérieur des terres et les contrées occidentales.

En l'an 9, Wang Mang usurpa le trône et mit fin à la dynastie des Han occidentaux, plongeant la Plaine centrale dans le chaos. Dunhuang et d'autres régions du Hexi devinrent également vulnérables. Dou Rong, un fonctionnaire respecté de la capitale, se porta volontaire pour servir dans le Gansu. En raison de ses contributions à l'unité nationale et au bien-être public, il fut nommé général en chef du Hexi et administra les cinq préfectures*.

*En plus des quatre préfectures (Wuwei, Zhangye, Jiuquan et Dunhuang) du Hexi, Jincheng (aujourd'hui Lanzhou) devint une préfecture sous le règne de l'empereur Zhao de la dynastie des Han, ce qui porta le total à cinq préfectures à Hexi.

Sous sa direction, Hexi repoussa les nomades Qiang et Xiongnu, et fit des progrès dans le développement de l'agriculture et de l'élevage, faisant du Hexi une destination prisée des réfugiés d'autres régions.

« Même dans les moments difficiles, le Hexi est l'endroit idéal pour que ma mère passe ses dernières années. »

« La nourriture est onéreuse dans la capitale. Le prix du riz y est dix fois plus élevé que dans le Hexi. Allons tous vivre dans le Hexi ! »

Sous la dynastie des Han orientaux (25-220 après J.-C.), les autorités firent de Dunhuang le centre militaire pour exercer leur contrôle sur les contrées occidentales afin de se protéger contre la puissance croissante des nomades Xiongnu du nord.

En 137, les nomades Xiongnu du nord envahirent les contrées occidentales. Pei Cen, alors bailli de Dunhuang, prit la tête de 3 000 soldats pour combattre les ennemis dans les contrées occidentales et revint victorieux.

Une stèle fut érigée pour commémorer cette victoire.

张芝墨池

Zhang Huan était un autre général célèbre qui remporta des batailles contre les nomades Xiongnu à Dunhuang. C'était également un érudit de grand renom.

Son fils Zhang Zhi devint un célèbre calligraphe connu pour être le Sage de l'écriture cursive. Zhang Zhi était si assidu dans son art que l'étang près duquel il pratiquait souvent la calligraphie était noirci, car il y nettoyait souvent ses pinceaux.

À cette époque, un endroit de Dunhuang s'appelait Xiaofutuli, ce qui signifie « petite ruelle bouddhiste ». Ce nom semble indiquer que le bouddhisme avait déjà été introduit à Dunhuang.

Cao Pi, empereur Wen des Wei à l'époque des Trois Royaumes, hérita et maintint la politique de colonisation militaire, ce qui stimula considérablement la croissance économique de Dunhuang. En 227, Cang Ci fut nommé bailli de Dunhuang.

Il réprima le pouvoir des riches propriétaires terriens et chercha à maintenir l'équité dans la société. Il prit de nombreuses mesures pour favoriser la paix et la prospérité à Dunhuang.

> La terre doit être redistribuée afin que tous les paysans puissent posséder leur propre lopin.

> Les différends en cours doivent être résolus de manière juste et rapide.

> Les marchands étrangers doivent être protégés contre le chantage et la fraude. Des soldats doivent être déployés pour protéger les caravanes de passage si nécessaire.

En 249, Huangfu Long devint bailli de Dunhuang. Il popularisa l'utilisation des outils et techniques agricoles la Plaine centrale, ce qui contribua à accroître les rendements agricoles locaux. Il développa également les techniques de production du textile.

Grâce à ces nouveaux outils et techniques, les rendements augmentèrent de 50 % tout en nécessitant seulement la moitié de travailleurs.

Avec ce semoir, semer est devenu tellement pratique!

Cette nouvelle jupe est à la fois confortable et d'un prix abordable. Il faut beaucoup moins de tissu!

En 266, Wu Yan, ancien général du royaume de Wu, fut nommé bailli de Dunhuang. La ville connut une prospérité économique continue grâce à l'importance qu'il accorda au développement agricole.

Dharmaraksa, moine bouddhiste depuis l'âge de huit ans, avait beaucoup voyagé dans les contrées occidentales et parlait plusieurs langues. Sous le règne de l'empereur Wu de la dynastie des Jin, il rapporta de nombreuses écritures bouddhistes de Dunhuang à Chang'an. Il s'engagea à les traduire et à diffuser en chemin leurs enseignements.

Dharmaraksa retourna à Dunhuang en 284. Tout au long de sa vie, il traduisit 165 écritures bouddhistes, ce qui le fit connaître sous le nom de Bodhisattva de Dunhuang.

La culture hautement développée de Dunhuang produisit de nombreux érudits éminents.

Suo Jing, Fan Zhong, Zhang Han, Suo Zhen et Suo Yong, qui avaient tous fréquenté l'Académie impériale ensemble, étaient collectivement connus sous le nom de Cinq maîtres de Dunhuang.

Suo Jing était originaire du comté de Longle. C'était un célèbre général, un érudit et un théoricien de la calligraphie de la dynastie des Jin occidentaux. C'était un maître de l'écriture cursive et l'auteur du *Traité sur l'écriture cursive*.

Après avoir visité la montagne des Sables chantants, il inscrivit les trois caractères de l'épigraphe Temple Xian Yan (aujourd'hui disparu) sur une falaise près des grottes de Mogao.

À la fin de la dynastie des Jin occidentaux, beaucoup émigrèrent vers le Hexi en quête de paix et de travail. Ils contribuèrent à accroître la main-d'œuvre de Dunhuang et apportèrent avec eux la culture et les compétences la Plaine centrale.

En 301, Zhang Gui fut nommé gouverneur de Liangzhou. Il accorda une grande importance à l'agriculture, à l'éducation, à l'installation des nouveaux arrivants et à la promotion des talents sur la base du mérite. Sous son règne, le Hexi connut un développement constant.

À cette époque, Yin Dan était bailli de Dunhuang. Il dirigea la construction d'un canal d'irrigation dans le sud-ouest. Les habitants reconnaissants l'appelèrent canal Yin'an en son honneur.

En 345, Zhang Jun, gouverneur de Liangzhou, établit la préfecture de Shazhou en fusionnant les trois préfectures de Dunhuang, Jinchang et Gaochang avec trois camps militaires, Dunhuang étant le centre administratif. Yang Xuan fut nommé gouverneur de Shazhou. Durant son règne, il encouragea les projets de conservation de l'eau et d'irrigation, notamment la reconstruction du canal qui devint le canal Yangkai.

À cette époque, les peintures murales sur les tombes étaient très populaires à Dunhuang. Les motifs les plus courants représentaient des oiseaux et des animaux légendaires ainsi que des scènes de la vie quotidienne, notamment l'agriculture, les récoltes, les pâturages, la cuisine et les festins.

En 366, un moine nommé Yue Zun méditait sur la falaise de la montagne des Sables chantants et vit soudain des milliers de rayons dorés briller comme des milliers de statues de Bouddha. Cela l'inspira et et creusa la première des grottes de Mogao.

En 376, les Qin antérieurs conquirent les Liang antérieurs. Ils placèrent la région du Hexi, y compris Dunhuang, sous leur juridiction. L'empereur Fu Jian déplaça plus de 17 000 foyers de la région de Jianghan et de la Plaine centrale vers Dunhuang, ce qui stimula le développement local.

Le général Lü Guang de la dynastie des Qin antérieur ramena de Qiuci le célèbre traducteur et moine éminent Kumarajiva. Au cours du voyage, le cheval blanc de Kumarajiva mourut à Dunhuang. La pagode du Cheval Blanc située à l'ouest de Dunhuang aurait été construite en sa mémoire.

> Hier soir, dans un rêve, mon cheval m'a dit qu'il avait été envoyé par le Bouddha pour m'accompagner à Chang'an afin de propager les enseignements bouddhistes. Maintenant que ma mission est accomplie, il m'a dit qu'il était temps pour lui de partir.

À la mort de Fu Jian, Lü Guang prit le contrôle de Liangzhou et établit la dynastie des Liang postérieurs. En 395, des troubles sociaux dans la région forcèrent des milliers de foyers à s'installer à Dunhuang.

Meng Min, bailli de Dunhuang sous la dynastie des Liang postérieurs, gagna le respect de la population en construisant un canal d'irrigation dans le sud de Dunhuang. Les habitants lui donnèrent le nom de canal Menshou et érigèrent un temple en son honneur.

En 400, Li Hao, alors bailli de Dunhuang, fut nommé généralissime et duc de Liang. Il établit le régime des Liang occidentaux et fit de Dunhuang sa capitale. C'était la première fois que Dunhuang servait de capitale.

Les Liang occidentaux établirent un système administratif à trois niveaux, composé de comtés, de villes et de quartiers.

Dunhuang connut des récoltes abondantes et la prospérité grâce aux mesures favorables à l'agriculture.

Li Hao fit construire un temple en l'honneur de son père et créa un collège officiel connue sous le nom de Palais Pan, qui pouvait accueillir jusqu'à 500 étudiants. Les royaumes des contrées occidentales, comme Khotan et Shanshan, commencèrent à payer des tributs à Dunhuang.

Le régime des Liang du Nord, établi par le chef nomade Juqu Mengxun, commença à présenter une menace importante pour les Liang occidentaux. Li déplaça donc la capitale à Jiuquan en 405. Il transféra également une population de 23 000 habitants, ce qui affaiblit considérablement Dunhuang.

> Dunhuang est réputée pour ses habitants zélés et talentueux. Mon fils, tu dois appliquer des mesures qui profitent au peuple.

Après avoir déplacé sa capitale à Jiuquan, les Liang occidentaux renforcèrent la défense de Dunhuang en restaurant des forts et des murs d'enceinte sur plusieurs sections.

En 420, les Liang du Nord vainquent les Liang occidentaux. Les autorités des Liang du Nord nomment Suo Yuanxu bailli de Dunhuang. Il était cependant détesté en raison de son caractère militant. Les fonctionnaires Song Cheng et Zhang Hong se joignent à l'ancien bailli Li Xun pour le chasser de Dunhuang.

Li Xun fut nommé gouverneur de Liangzhou. Lorsque Juqu Mengxun envoya des troupes attaquer Dunhuang, Li se retint de riposter pour renforcer ses défenses. En 421, Li Xun subit une défaite devant un ennemi écrasant et se suicida. Ce fut un coup dur pour Dunhuang.

Bien que d'origine Xiongnu, Juqu Mengxun accordait une grande importance à la culture han et s'était familiarisé avec les érudits de Dunhuang. Des personnalités telles que Kan Yin, Song Yao et Liu Bing se virent attribuer des postes importants. Liu Bing fut honoré du titre de Grand Précepteur.

Les trois premières grottes de Mogao (grottes 268, 272 et 275) furent construites par les Liang du Nord. Il s'agissait de salles multifonctionnelles destinées à la méditation, au prêche, et aux rituels.

En 439, les Liang du Nord furent soumis par les Wei du Nord. Juqu Wuhui, bailli de Jiuquan sous les Liang du Nord, s'enfuit à Dunhuang pour poursuivre la résistance. Trois ans plus tard, il abandonna Dunhuang et avec lui, 10 000 foyers. Ils constituèrent l'épine dorsale de la région du Hexi. Dunhuang subit un nouveau coup dur.

En 442, Li Bao, petit-fils de Li Hao, occupa Dunhuang et prêta allégeance au régime des Wei du Nord. Il fut nommé gouverneur de Shazhou et duc de Dunhuang. Durant son règne, il restaura la ville et installa des nouveaux arrivants. Dunhuang parvint à se relever.

En 444, pour mieux administrer les contrées occidentales et se défendre contre le royaume de Rouran, le régime des Wei du Nord s'empara de Dunhuang et revitalisa la Route de la soie, permettant aux caravanes de prendre la route.

Peu de temps après, Rouran prit le contrôle des contrées occidentales. Grâce au travail acharné des généraux, des soldats et des civils, Dunhuang survécut à la guerre.

En 485, Mu Liang fut nommé généralissime de Dunhuang. Ses politiques généreuses contribuèrent au redressement de l'économie. Il était cependant difficile de récupérer rapidement après des années de guerre en raison des pertes substantielles en main-d'œuvre et en ressources.

En 524, Dunhuang fut rebaptisée Guazhou (préfecture du melon) car elle produisait des fruits exceptionnellement sucrés en raison de l'écart de température diurne et nocturne. Le régime des Wei du Nord nomma Yuan Rong, membre du clan impérial, gouverneur de Guazhou. Il resta en poste pendant près de deux décennies. Il maintint la stabilité et développa l'économie, et finança également les reproductions de sutras bouddhistes et la construction de grandes parties des grottes de Mogao.

Les peintures murales réalisées à cette époque représentent diverses histoires et récits. La plus célèbre est la série des Cerfs aux neuf couleurs, le *Jataka du roi des cerfs*, dans la grotte 257.

La célèbre grotte 285 (connue sous le nom de Grotte du prince Dongyang) fut également construite sous le règne de Yuan. Les peintures murales de cette période présentent un nouveau style esthétique, probablement introduit par Yuan depuis la Plaine centrale, caractérisé par des personnages fins et élégants portant des robes amples et de larges ceintures.

Regardez comme ce personnage est mince ! Et ses vêtements amples sont si élégants ! Cela devait être la mode dans la Plaine centrale !

Les premières peintures murales de Dunhuang représentaient des personnages robustes et corpulents, sous l'influence du style des contrées occidentales.

Au cours des premières années de la dynastie des Zhou du Nord (577-581), Linghu Xiu fut bailli de Dunhuang. Les habitants avaient un grand respect pour son intégrité et sa frugalité. Sous son règne, Dunhuang connut la stabilité et la prospérité, ce qui facilita également le commerce et les contacts entre la Plaine centrale et les contrées occidentales.

Yu Yi poursuivit les efforts de son prédécesseur pour construire des grottes et des statues pendant son mandat de gouverneur de Guazhou. La grotte 428 aurait été construite et financée sous sa direction, avec les contributions de plus de 1 000 moines et simples résidents de Shazhou et Liangzhou.

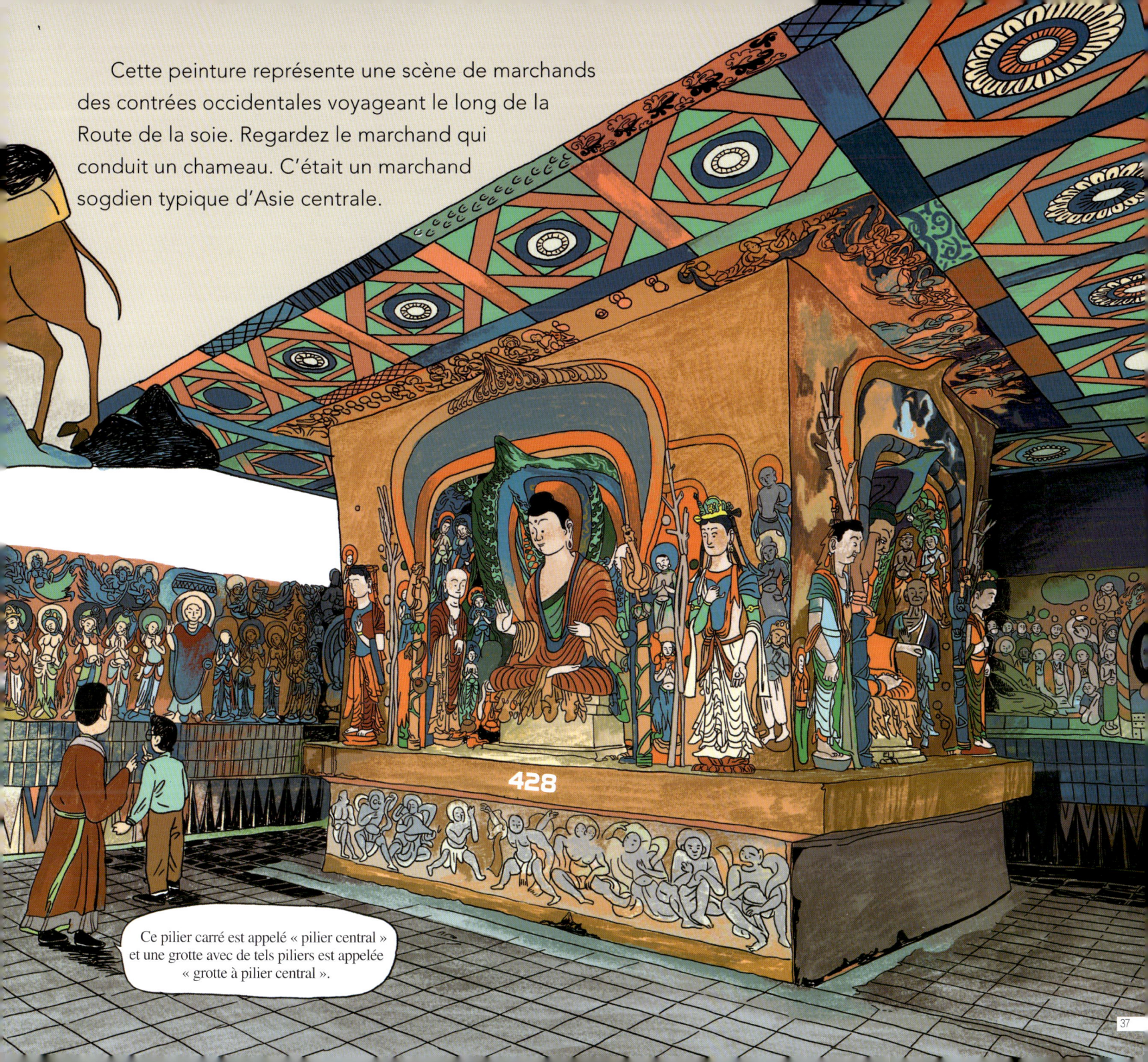

Cette peinture représente une scène de marchands des contrées occidentales voyageant le long de la Route de la soie. Regardez le marchand qui conduit un chameau. C'était un marchand sogdien typique d'Asie centrale.

Ce pilier carré est appelé « pilier central » et une grotte avec de tels piliers est appelée « grotte à pilier central ».

La dynastie des Sui unit la nation chinoise. En 607, Guazhou fut rebaptisée préfecture de Dunhuang. Cependant, à cette époque, Zhangye était devenue une destination plus prisée des marchands de la région occidentale.

Pei Ju, un ministre de la dynastie des Sui, a compilé un livre intitulé *Xiyu Tuji* (« recueil cartographique des contrées occidentales ») à partir des informations recueillies durant l'administration des marchés commerciaux à Zhangye. Le livre détaille la géographie, les noms de famille, les coutumes, les vêtements et les produits de 44 royaumes. Des cartes sont également incluses.

> Tu viens de Ferghana, alors parle-moi de ta patrie. Mon ami persan, parle-nous un peu de ta ville natale.

> Nous fabriquons des brocarts exquis en Perse.

> Nous sommes les meilleurs commerçants.

Sous la dynastie des Sui, trois routes reliaient les contrées occidentales : la section nord de l'ancienne Route de la soie, la section centrale et la section sud. Ces routes convergeaient vers Dunhuang, ce qui en faisait le carrefour essentiel de la Route de la soie.

Entre 605 et 616, des émissaires de plus de 30 royaumes des contrées occidentales commencèrent à rendre hommage à la dynastie des Sui en lui présentant une multitude de spécialités. Les émissaires des Sui apportèrent également à Chang'an diverses marchandises des contrées occidentales. L'augmentation des échanges entre la Plaine centrale et les contrées occidentales aida Dunhuang à retrouver son statut de plaque tournante des échanges économiques et culturels.

Le royaume de Gaochang offrit du sel de cinabre et du vin en guise d'hommage, Kangju (Ferghana) offrit des épices d'Assam, Qiuci (Kucha) apporta du benjoin et de beaux coursiers, Yutian (Khotan) apporta du jade exquis et les Tochariens présentèrent des étalons célestes.

> J'ai ramené du sel aux cinq couleurs d'An, de l'agate de Jibin (Kophen), et voici une danseuse du royaume de Shi.

Les empereurs de la dynastie des Sui embrassèrent le bouddhisme. L'empereur Wen émit un décret exigeant que chaque préfecture construise un stūpa pour préserver les reliques du Bouddha. Duhuang construisit un stūpa dans le monastère de Chongjiao, situé dans les grottes de Mogao.

De nombreuses grottes de Mogao furent creusées sous la dynastie des Sui. Des écritures bouddhistes copiées par la famille impériale des Sui furent retrouvées dans la Grotte de la bibliothèque (grotte 17).

Dans la Grotte de la bibliothèque se trouve le Siyi Sūtra copié par la princesse des Cui, épouse du prince Qin (Yang Jun) de Sui. On y trouve également le Daloutan Sūtra et le Sūtra du prince Mupo, tous deux rédigés par l'impératrice Dugu des Sui, ainsi que le Mahaparanirvana Sūtra de l'empereur Yang des Sui lorsqu'il était prince.

427

> Cette grotte possède de très grandes statues de Bouddha !

Grâce à des techniques de tissage et de teinture avancées, la dynastie des Sui produisait de la soie fine aux motifs raffinés. Les apports et les influences des contrées occidentales atteignirent la Plaine centrale et enrichirent considérablement les motifs et les styles des textiles des Sui.

Le *lianzhuwen* (« motif des perles enfilées ») était une décoration typique du brocart persan pendant la dynastie des Sui. Il comportait une série de cercles reliés les uns aux autres et ornés d'images de phénix, de tigres, de lions, d'éléphants, de chevaux et de fleurs, ce qui donnait un motif vibrant et vivant. Ces motifs sont rapidement devenus populaires dans la Plaine centrale.

Vers la fin de la dynastie des Sui et dans les premières années de la dynastie des Tang, Dunhuang était loin de connaître la paix et devait faire face aux menaces des séparatistes à l'intérieur et des envahisseurs à l'extérieur.

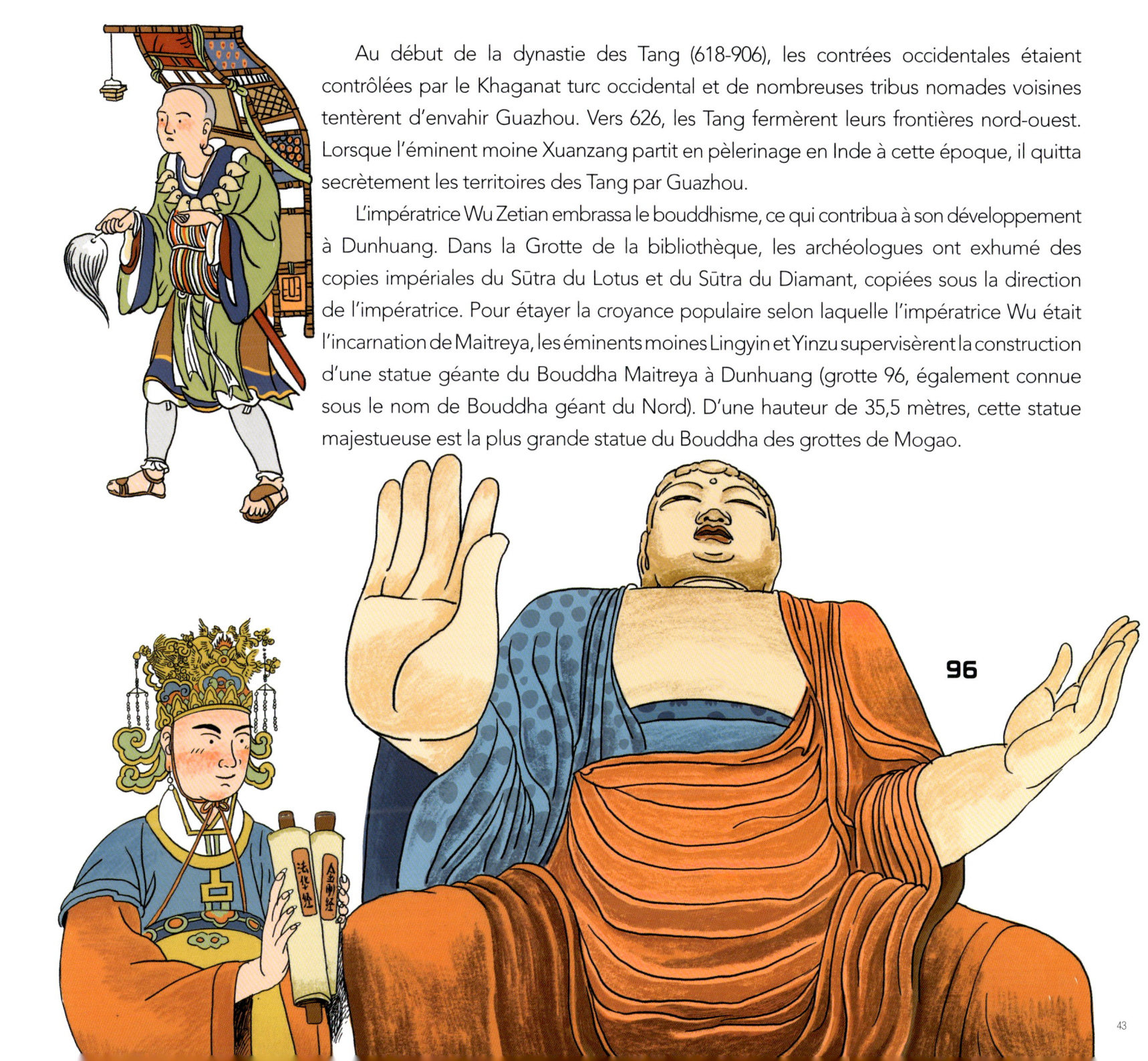

Au début de la dynastie des Tang (618-906), les contrées occidentales étaient contrôlées par le Khaganat turc occidental et de nombreuses tribus nomades voisines tentèrent d'envahir Guazhou. Vers 626, les Tang fermèrent leurs frontières nord-ouest. Lorsque l'éminent moine Xuanzang partit en pèlerinage en Inde à cette époque, il quitta secrètement les territoires des Tang par Guazhou.

L'impératrice Wu Zetian embrassa le bouddhisme, ce qui contribua à son développement à Dunhuang. Dans la Grotte de la bibliothèque, les archéologues ont exhumé des copies impériales du Sūtra du Lotus et du Sūtra du Diamant, copiées sous la direction de l'impératrice. Pour étayer la croyance populaire selon laquelle l'impératrice Wu était l'incarnation de Maitreya, les éminents moines Lingyin et Yinzu supervisèrent la construction d'une statue géante du Bouddha Maitreya à Dunhuang (grotte 96, également connue sous le nom de Bouddha géant du Nord). D'une hauteur de 35,5 mètres, cette statue majestueuse est la plus grande statue du Bouddha des grottes de Mogao.

96

Avec la propagation de la culture *han* de la Plaine centrale vers l'ouest, l'art bouddhique des grottes de Mogao connut une nouvelle ère. Les peintures murales de la grotte 220 représentent des scènes de temples bouddhistes à Chang'an, ainsi que des représentations d'empereurs, de dirigeants et d'ambassadeurs des Tang de divers royaumes. La gloire de la dynastie des Tang pendant la période Zhenguan (626-649) se reflète dans les grottes de Mogao.

220

La dynastie des Tang fut le témoin d'échanges et de fusions musicales et artistiques importants entre la Plaine centrale et les contrées occidentales. Les danses des contrées occidentales devinrent populaires à la cour impériale, ainsi que parmi les gens du peuple. Les quatre danseurs représentés au bas de la fresque dansent deux par deux. Ce style joyeux est originaire des contrées occidentales.

L'homme âgé qui est assis est Vimalakirti, un homme versé dans le bouddhisme Mahayana et immensément riche. Il débat avec le bodhisattva Manjushri, la figure la plus sage du bouddhisme. Wang Wei, le célèbre poète des Tang, s'inspirant de Vimalakirti (*weimojie* en chinois), adopta le nom social de Mojie.

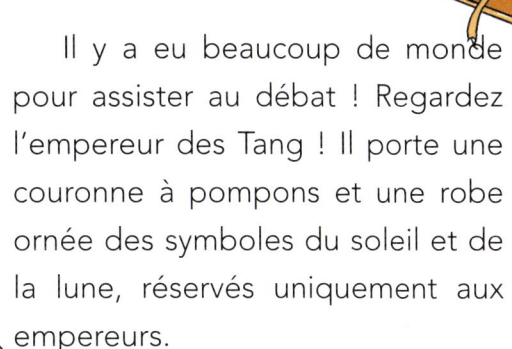

Il y a eu beaucoup de monde pour assister au débat ! Regardez l'empereur des Tang ! Il porte une couronne à pompons et une robe ornée des symboles du soleil et de la lune, réservés uniquement aux empereurs.

Il s'agit de dirigeants et d'ambassadeurs de différents royaumes. L'homme au chapeau haut de forme et à la robe de brocart est un prince persan, et celui qui porte deux plumes sur son chapeau est originaire de Corée. La dynastie des Tang entretenait des relations étroites avec de nombreux royaumes.

Durant les années glorieuses de la dynastie des Tang, Dunhuang put continuer à se développer grâce à la puissance nationale grandissante, malgré les tensions fréquentes venues du nord-ouest. Le régime des Tang administra efficacement la région de Dunhuang grâce à un système bien organisé.

Suo Licai, 15 ans, réside à Xiaogu avec sa mère veuve, âgée de 56 ans. Nous avons fini de calculer la superficie de terrain que ce ménage doit se voir attribuer.

Sous le règne de l'empereur Gaozong de la dynastie des Tang, en passant par l'impératrice Wu et l'empereur Xuanzong, de vastes travaux de bonification furent menés dans la région du Hexi, ce qui conduisit à un développement agricole important à Dunhuang. Le système d'irrigation s'améliora considérablement, le comté de Dunhuang comptant à lui seul 6 canaux principaux et 116 canaux secondaires, formant ainsi un réseau d'irrigation complet.

Un système rigoureux de gestion et d'allocation de l'eau fut conçu pour gérer les ressources en eau.

> Tout le monde dit que la région du Hexi est l'endroit le plus prospère.

> C'est exactement là que se trouve Dunhuang !

À cette époque, les marchés de Dunhuang regorgeaient de toutes sortes de marchandises : soie et porcelaine de la Plaine centrale, jade et bijoux des contrées occidentales, textiles, chameaux et chevaux du nord, et céréales locales. Les émissaires, marchands, moines et gens du peuple passaient par Dunhuang lors de leurs déplacements entre la Plaine centrale et les contrées occidentales, ainsi qu'entre l'Inde, l'Asie de l'Ouest et la Chine.

> Faire des affaires est avant tout une question d'échanges. Le marché de Dunhuang est véritablement international.

> Les marchands sogdiens sont les plus nombreux. Le bourg de Conghua, à l'est de la ville, a été désigné pour que nous nous y établissions.

Les grottes de Mogao ont prospéré à cette époque. Avec plus de 1 000 sanctuaires, c'était un site spectaculaire. L'art de Dunhuang et le style des Tang de la Plaine centrale fusionnèrent parfaitement. Les sculptures peintes excellaient dans le détail de leur style. La terre bouddhiste bienheureuse représentée dans les peintures murales reflètent la réalité du quotidien à cette époque.

C'est l'ensemble de statues le plus raffiné et le plus complet de Dunhuang. On peut y voir le Bouddha assis au milieu, avec deux disciples à ses côtés, suivis de deux bodhisattvas gracieux et de deux rois célestes à l'extrême.

45

217

45

Ces marchands sont originaires de Sogdiane. Ils rencontrent des voleurs sur leur chemin. Regardez, ils ont une balle de soie. Tout le monde aimait la soie chinoise à l'époque.

Les paysans travaillent dans les champs sous la pluie. Voici une charmante famille qui dîne ensemble.

23

Après le déclenchement de la révolte d'Anshi en 755, la dynastie des Tang envoya des troupes d'élite du nord-ouest vers la Plaine centrale. Les Tubo* profitèrent de la situation pour occuper de nombreuses zones des régions de Longyou et du Hexi.

Général, nous sommes à court de nourriture et d'armes !

Dites à votre commandant que nous sommes prêts à nous rendre si vous promettez de ne pas déplacer les habitants de Dunhuang ailleurs.

En 786, Shazhou conclut une alliance avec les Tubo sous la condition de conserver la population de Dunhuang. Dunhuang passa alors sous la juridiction des Tubo.

Nous vous le promettons !

Les dirigeants Tubo prirent des mesures d'assimilation, exigeant notamment que les han portent leurs costumes et parlent leur langue. Ces mesures provoquèrent le ressentiment des habitants de Dunhuang et entraînèrent des troubles sociaux.

*L'empire Tubo régnait sur le plateau Qinghai-Xizang du VIIe au XIXe siècle et sa juridiction allait bien au-delà de l'actuelle région autonome du Xizang pour s'étendre dans les provinces du Qinghai, du Gansu et du Sichuan d'aujourd'hui.

Les autorités prirent conscience du problème et se tournèrent vers les familles privilégiées pour qu'ils les aident à apaiser les conflits ethniques. Elles apportèrent également un fort soutien au bouddhisme pour améliorer la cohésion sociale.

Le bouddhisme prospéra en conséquence à Dunhuang et le nombre de monastères passa de 13 à 17. De nombreux moines étaient des fonctionnaires et des nobles des Tang qui ne voulaient pas coopérer avec le régime des Tubo. Ils contribuèrent à améliorer le niveau d'alphabétisation des moines et jouèrent un rôle important dans le maintien de la stabilité à Dunhuang.

Mahayana, un moine éminent de Dunhuang, propagea même les enseignements du bouddhisme zen à la cour des Tubo, ce qui suscita un débat sur la question de savoir si les moines pouvaient connaître l'éveil ou s'ils devaient s'éveiller progressivement. On l'appela le Grand débat.

Je suis un fonctionnaire respectable des Tang. Je ne peux pas accepter le régime des Tubo. Je préfère me faire moine.

Chez les Tubo, les moines peuvent participer aux affaires politiques et servir de conseiller au Tsenpo.

Les gens doivent connaître progressivement l'éveil.

L'éveil !

莲花戒　摩诃衍

En 848, Zhang Yichao, originaire de Dunhuang, saisit l'occasion offerte par les troubles sociaux chez les Tubo et mena une révolte contre le régime. Zhang réussit à reprendre Guazhou et Shazhou au nom des Tang. Plus tard, ils reprirent également Suzhou, Ganzhou et Yizhou.

En 851, il envoya son frère Zhang Yitan à Chang'an, la capitale des Tang, avec une carte des onze États des régions du Hexi et de Longyou pour rendre compte de la victoire à l'empereur des Tang.

Le Hexi est le berceau des meilleurs généraux.

La même année, la dynastie des Tang nomma Zhang Yichao à la tête de l'armée de Guiyi, et Dunhuang entra officiellement dans la période de l'armée de Guiyi. En octobre 866, l'armée administra un vaste territoire avec six comtés et une population d'un million d'habitants sous sa juridiction.

En 867, Zhang Yichao s'installa à Chang'an pour ses dernières années afin de prouver sa fidélité aux Tang. La sélection de son successeur fut soumise à une concurrence acharnée. Après de nombreux affrontements entre les Zhang, les Suo, les Li et d'autres familles influentes, Zhang Chengfeng obtint le poste. À cette époque, l'armée de Guiyi ne détenait plus que Guazhou et Shazhou sous sa juridiction.

Après avoir appris la chute de la dynastie des Tang en 909, Zhang Chengfeng s'autoproclama Fils du Ciel en Blanc et fonda le Royaume Jinshan des Han occidentaux. La dynastie des Han occidentaux désigne le royaume des Han à l'ouest, tandis que Jinshan fait référence à la montagne de la Selle d'or à Dunhuang.

La dynastie des Tang étant révolue, que nous réserve l'avenir dans l'armée de Guiyi ?

J'ai entendu dire que le *Chant de l'oiseau blanc* est populaire parmi les gens. L'oiseau blanc est un bon présage. Fondez votre propre royaume et devenez-en le roi.

Le royaume de Jinshan aspirait à récupérer ses terres perdues mais continuait à perdre des guerres. En 911, lorsque les Huihu (un ancien groupe ethnique minoritaire) attaquèrent, Jinshan fut contraint de s'allier à eux, car il s'était affaibli après des années de guerres. L'alliance exigeait que le roi de Jinshan se considère comme le fils du khan Huihu.

En 914, Cao Yijin, issu d'une autre grande famille de Dunhuang, remplaça Zhang Chengfeng. Il estimait avoir besoin du pouvoir de Chang'an pour garantir la paix et honora donc les autorités de Chang'an d'une manière orthodoxe.

Cao fit preuve de diplomatie matrimoniale en mariant ses deux filles au khan Huihu de Ganzhou et au roi de Khotan. Parallèlement, il obtint un soutien considérable de la population en intégrant des membres de familles prestigieuses et des dirigeants de groupes ethniques minoritaires pour commander l'armée de Guiyi.

Nous devons maintenir de bonnes relations avec Ganzhou et Khotan !

Beau-père !

Beau-père !

L'armée de Guiyi retrouva une force considérable. Dunhuang resta une plaque tournante importante sur la Route de la soie et les marchés regorgeaient toujours de marchandises diverses provenant de différentes régions.

Nous vendons toutes sortes d'épices et de vêtements. Vous y trouverez des noix, des gardénias, du galanga, du halilaj, des noix de bétel, de l'aneth, du poivre, de l'ulmus macrocarpa, de la rhubarbe, de l'huile de sésame, de l'ail, des racines de lotus, des dattes séchées sucrées, de la grenade, de l'alun, de la consoude, du radix lithosphermi, du sucre cristallisé, du maltose, des manteaux, des robes, des pantalons larges, des chaussures, des chapeaux et des foulards en soie, des ceintures et d'autres accessoires. Nous avons également des bâtons d'encens !

Après Cao Yijin, la famille Cao resta à la tête du régime de l'armée de Guiyi à Dunhuang. Cao Yuanzhong, le troisième fils de Cao Yijin, le dirigea le plus longtemps. Il apporta stabilité et prospérité à Dunhuang en entretenant de bonnes relations avec les groupes ethniques voisins et la capitale de la Plaine centrale.

Bouddhiste pieux, il fonda une académie officielle de peinture bouddhique et fit construire de grandes grottes. Sous son règne, le temple de Manjushri (grotte 61) fut construit et la statue du Bouddha géant du Nord (grotte 96) fut remise en état.

J'aimerais remercier les travailleurs en leur cuisinant un repas.

Merci mon amour. Ils ont travaillé très dur pour réparer la structure en bois dans la partie inférieure de la statue géante.

Alors qu'un célèbre moine indien et ses disciples passaient par Dunhuang, le fonctionnaire de Dunhuang, Cao Yanlu, les retint pendant plusieurs mois et leur demanda de prêcher le Dharma dans la région.

Après Cao Yuanzhong, le régime de l'armée de Guiyi à Dunhuang tomba en déclin et commença à faire face à de nombreuses menaces. Au début du XIe siècle, les habitants de Dunhuang déposèrent de nombreux sutras, peintures et autres objets culturels dans une grotte, scellèrent la porte et peignirent des fresques murales dessus pour les dissimuler. Lorsque la porte fut découverte par les générations suivantes, elle devint connue sous le nom de Grotte de la bibliothèque.

Le régime de l'armée de Guiyi fut remplacé par le régime nomade de Shazhou Huihu en 1030. Il n'est pas surprenant que certaines grottes peintes à cette époque présentent des images de khans nomades en robes de dragon.

En 1036, les Tangoutes commencèrent à occuper Dunhuang. Deux ans plus tard, ils établirent le régime des Xia occidentaux, qui fit principalement la guerre aux régimes des Song et des Liao, et exerça peu de contrôle sur Dunhuang. Beaucoup considéraient que Dunhuang était toujours sous la juridiction de Shazhou Huihu.

Envoyées !

Entre 1023 et 1050, le régime de Shazhou paya tribut à la dynastie des Song du Nord à sept reprises.

En 1038, Li Yuanhao, de la dynastie Tangoute, s'empara du trône et fonda le royaume des Xia occidentaux. Vers 1068, les Xia occidentaux renforcèrent leur contrôle direct sur Guazhou et Shazhou. Les grottes de Yulin furent principalement construites pendant cette période.

C'est un site bouddhiste sacré. Ma famille est la bienfaitrice de cette grotte. Peindre une image du très vénéré moine Tangut sur le mur sera une garantie de bénédiction de ma famille.

29

En 1082, de nombreux habitants de Guazhou et Shazhou furent recrutés par les Xia occidentaux pour combattre la dynastie des Song du Nord. En 1110, une famine s'abattit sur Guazhou, Shazhou et Suzhou, forçant de nombreux habitants à fuir vers d'autres endroits. Dunhuang fut fortement touchée.

Sous le contrôle de Xia occidentaux, de nombreux marchands des contrées occidentales choisirent de contourner Dunhuang et de rejoindre la Plaine centrale via le Qinghai ou la Mongolie. Dunhuang perdit progressivement son statut vital sur la Route de la soie.

Les droits de douane des Xia occidentaux sont trop élevés. Contournons Dunhuang et prenons plutôt la route du Qinghai.

Dunhuang est occupée par les Xia occidentaux. Nous passerons donc par la Mongolie au nord.

Les dirigeants des Xia occidentaux étaient des bouddhistes fidèles et absorbèrent divers éléments culturels bouddhistes des régions voisines. Les grottes de cette période étaient donc innovantes et présentaient une grande variété de styles artistiques. Le bouddhisme tibétain tantrique fut également introduit et la première grotte tibétaine fut construite dans les grottes de Mogao.

465

En 1227, les Mongols conquirent la région des Xia occidentaux et occupèrent Dunhuang, la plaçant sous la juridiction du fief de Batu, petit-fils de Gengis Khan. En 1277, Kubilaï Khan, empereur de la dynastie des Yuan, reprit Dunhuang pour la placer sous la juridiction directe du gouvernement central.

Dunhuang redevint un carrefour important sur la route du Hexi. Peu après l'établissement de la dynastie des Yuan, Marco Polo se rendit à Dunhuang.

La population travaillait principalement dans l'agriculture, le blé étant la principale culture. Les nombreux monastères de la ville abritaient diverses statues de Bouddha. Pour les funérailles, un devin était invité à en déterminer la date et les offrandes telles que des figurines en papier, et des montures étaient préparées pour le défunt.

En 1280, Shazhou fut élevée à un niveau administratif supérieur. En 1292, la dynastie des Yuan força les habitants de Shazhou et Guazhou à migrer vers Ganzhou. Cette politique fit que Guazhou et Shazhou furent pratiquement laissées à l'abandon pendant un certain temps.

L'empereur Chengzong des Yuan envoya plus tard des troupes à Guazhou et Shazhou pour surveiller la région. La dynastie des Yuan maintint son contrôle sur Dunhuang en nommant des membres du clan royal comme gouverneurs et en tirant parti de l'influence du bouddhisme.

La famille du roi de Xining (Suleiman) qui gouvernait Shazhou érigea une stèle sur laquelle est inscrit un mantra sanskrit hexasyllabique dans les grottes de Mogao. Son successeur reconstruisit le temple de Huangqing dans les grottes de Mogao.

En 1368, la dynastie des Ming fut fondée. En 1372, le général Feng Sheng construisit la passe de Jiayuguan pour protéger les frontières occidentales des Ming. La route Jiayuguan-Hami devient un passage populaire reliant la Plaine centrale et les contrées occidentales pendant que Dunhuang était abandonnée.

La dynastie des Ming administra indirectement Dunhuang en nommant des descendants des Mongols comme gouverneurs et en établissant sept garnisons comme zone tampon pour repousser les envahisseurs venus de l'ouest.

> Nous établissons par la présente la garnison de Shazhou à Dunhuang.

> Nous sommes honorés d'appartenir à la dynastie des Ming.

En 1404, la garnison de Shazhou fut établie à Dunhuang. Celle de Handong fut établie dans la région de Dunhuang en 1479. La dynastie des Ming contenait principalement les menaces intérieures et extérieures et le développement culturel de Dunhuang n'avança pas. Aucune nouvelle grotte ne fut construite à Mogao.

Arrêtez ! Concentrez-vous sur votre travail et maintenez la paix à Shazhou.

Le commandant de la garnison de Shazhou se bat avec son frère.

En 1516, Dunhuang fut occupée par les nobles de Turpan. La population de Dunhuang diminua et de nombreux habitants se retirèrent vers l'intérieur des terres. Pire encore, son patrimoine culturel fut presque entièrement perdu. Sans entretien, de nombreuses chambres inférieures des grottes de Mogao furent envahies par les sables et les statues de Bouddha endommagées.

En 1644, la dynastie des Qing remplaça celle des Ming. Sous le règne de l'empereur Kangxi, la dynastie des Qing redonna vie à de vastes zones à l'ouest de la passe de Jiayuguan. En 1723, Dunhuang devint une région administrative, avant d'être élevée au rang de garnison de Shazhou.

> Mon pote, où habites-tu ?

> J'habite dans le quartier de Minzhou. Nous avons déménagé de Minzhou.

Sur la suggestion du général Yue Zhongqi, le gouvernement Qing déplaça plus de 2 400 foyers à Dunhuang et fournit à chaque foyer des terres, des bêtes de somme, des outils agricoles, des semences et de la nourriture pour les aider à survivre et à prospérer dans ce nouvel endroit.

> Ces mesures furent couronnées de succès. Les contrées occidentales prospérèrent et la Route de la soie fut relancée.

En 1727, Wang Long fut envoyé par la cour des Qing à Dunhuang pour superviser la construction d'une nouvelle ville, de bureaux gouvernementaux et de casernes.

En 1760, la garnison de Shazhou fut élevée au rang de comté de Dunhuang. Grâce aux progrès en matière d'irrigation et d'agriculture, l'économie et la population de Dunhuang connurent une croissance rapide. Les grottes de Mogao redevinrent un lieu sacré pour les bouddhistes.

Entre 1796 et 1850, les bouddhistes de Dunhuang entreprirent de vastes travaux de restauration et de rénovation des grottes de Mogao, mais sur le plan artistique, peu de choses furent améliorées.

344

Venez prier devant la Bodhisattva Guanyin ! Elle fera en sorte que nous ayons un bébé l'année prochaine !

Entre 1862 et 1875, alors que des soulèvements survenaient dans le nord-ouest de la Chine, Dunhuang devint un champ de bataille et subit un déclin démographique et des pertes économiques.

À la fin du XIXe siècle, un taoïste nommé Wang Yuanlu arriva aux grottes de Mogao.

« J'ai frappé sur le mur et j'ai entendu un écho. Il doit y avoir une grotte ! »

« Allons à l'intérieur. Mon Dieu ! Tant d'antiquités de valeur ! »

Wang devint alors l'abbé autoproclamé des grottes de Mogao et utilisa les offrandes collectées pour réparer les grottes à sa guise. En 1900, il découvrit par hasard la Grotte de la bibliothèque alors qu'il enlevait le sable qui s'était accumulé.

Au début, Wang a offert des rouleaux d'écritures, des peintures bouddhiques et d'autres objets aux fonctionnaires locaux et à la noblesse, mais les destinataires n'avaient aucune idée de leur valeur. En 1904, le gouverneur du Gansu ordonna à Wang Zonghan, bailli de Dunhuang, de sceller la Grotte de la bibliothèque et chargea l'abbé Wang de la protéger et d'empêcher que son contenu ne soit emporté.

La Grotte de la bibliothèque est l'une des découvertes archéologiques les plus importantes du début du 20e siècle. Elle contient environ 70 000 manuscrits anciens de divers types, avec de nombreux textes bouddhistes, mais aussi de précieux manuscrits officiels et privés et des documents rédigés dans les langues des minorités ethniques.

La Grotte de la bibliothèque abrite également des peintures sur soie, des peintures sur tissu de chanvre, des peintures sur papier, des bannières en soie, des broderies et des sculptures en bois. Les manuscrits et les objets sont d'une valeur inestimable en tant qu'encyclopédie riche de preuves de première main sur le fonctionnement de la société antique.

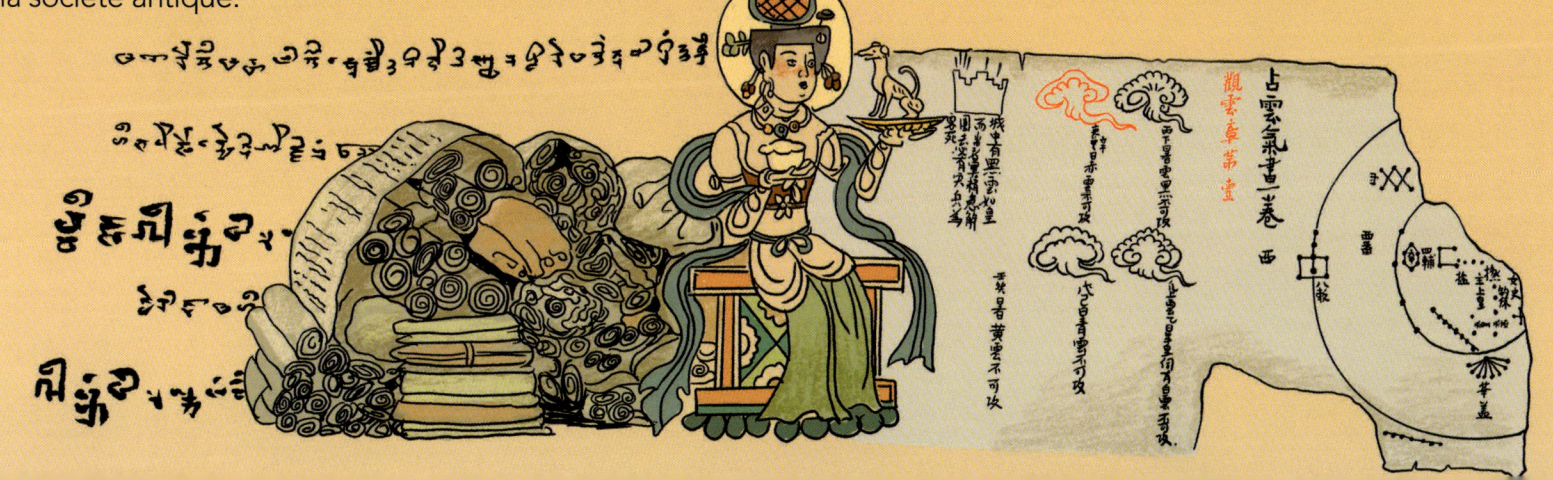

En 1907, le Britannique Marc Aurel Stein arriva à Dunhuang et récupéra 29 caisses de manuscrits et de peintures de la Grotte de la bibliothèque pour seulement quatre lingots d'argent.

> Sir Stein aimait les peintures murales représentant le *La Pérégrination vers l'Ouest*. Il admirait beaucoup Maître Xuanzang. Il était venu ici pour les vraies écritures bouddhistes.

> Très bien, je t'apporterai les écritures. Il peut prendre ce qu'il veut.

> Je n'ai pas le temps de passer tout ça en revue. J'emporte avec moi toutes les peintures bouddhiques et tous les manuscrits en langues non han.

En 1908, le Français Paul Pelliot arriva aux grottes de Mogao et acquit les plus beaux trésors de la Grotte de la bibliothèque pour seulement 500 taels d'argent. Ce n'est qu'en 1910 que le gouvernement des Qing ordonna au gouverneur du Gansu d'allouer des fonds pour acheter et transporter les manuscrits et les peintures de la grotte de la bibliothèque à Beijing pour les mettre en sécurité.

En 1921, des centaines de réfugiés russes de la guerre civile s'installèrent à Dunhuang et les grottes de Mogao furent utilisées de manière inattendue comme prison. Pendant les huit mois où les prisonniers vécurent dans les grottes, de grandes zones de peintures murales ont été noircies, maculées et vandalisées. Ce fut la plus grande catastrophe de l'histoire des grottes de Mogao.

Entre 1907 et 1924, des chasseurs de trésors étrangers tels que Marc Aurel Stein, Paul Pelliot, Sergey Oldenburg et Langdon Warner arrivèrent successivement à Dunhuang. Ils trompèrent l'abbé Wang, le payèrent en argent, et pillèrent des tonnes de trésors, dont des dizaines de milliers de manuscrits, de peintures et même de fresques murales et de sculptures.

La dispersion des manuscrits et des antiquités de Dunhuang à travers le monde facilita la formation d'une discipline universitaire mondiale : les études de Dunhuang. Dans les années 1930 et 1940, de plus en plus d'historiens, d'archéologues et d'artistes se consacrèrent à l'étude de Dunhuang.

En 1944, l'Institut de recherche artistique de Dunhuang fut fondé avec le célèbre peintre Chang Shuhong, qui en devint le premier directeur. Il dirigea un groupe de jeunes artistes enthousiastes chargés de protéger et d'étudier le patrimoine culturel de Dunhuang.

En 1949, la fondation de la République populaire de Chine a permis à l'Institut de recherche artistique de Dunhuang de progresser. En 1950, l'institut a été rebaptisé Institut de recherche sur le patrimoine culturel de Dunhuang.

En 1984, l'institut a été agrandi et rebaptisé Académie de Dunhuang en tant que plus grande entité de recherche au monde dédié à la protection et à la recherche sur les grottes de Mogao.

En 1987, les grottes de Mogao ont été inscrites sur la liste du patrimoine mondial de l'UNESCO.

Aujourd'hui, l'Académie de Dunhuang est responsable de la gestion des grottes de Mogao à Dunhuang, des grottes de Maijishan à Tianshui, des grottes du temple de Bingling à Yongjing, des grottes de Yulin à Guazhou, des grottes des Mille Bouddhas de l'Ouest à Dunhuang et du temple de Beishiku (grottes du Nord) à Qingyang. De toutes les institutions de gestion du patrimoine culturel, elle gère le plus grand nombre de sites du patrimoine culturel mondial en Chine.

En 1986, Dunhuang a été classée ville historique et culturelle à échelle nationale.

En 2019, plus de 2 millions de visiteurs du monde entier ont visité les grottes de Mogao à Dunhuang.

Dunhuang a été témoin de la longue histoire de l'ancienne Route de la soie tout en se tournant vers les promesses de l'avenir.

Index

4-5
Carte ancienne de la région de Dunhuang
Ruines de la passe de Yumen, dynastie des Han

6-7
Hache-pierre, site de Yumen Shagouliang, époque du Néolithique
Pot en terre cuite, pot en terre cuite peinte en forme d'aigle et flûte en terre cuite, époque du Néolithique, collections du Musée provincial du Gansu

8-9
Image du peuple Wusun, restaurée par des archéologues russes
Bassin de la rivière Ili

12-13
Modèles reconstitués de la ville de Hecang, des tours à signaux de Majuanwan et du relais des postes de Xuanquanzhi, exposés au Musée municipal de Dunhuang

14-15
Comté de Dunhuang, dynastie des Han occidentaux

18-19
La stèle commémorative de Pei Cen, collections du Musée de la région autonome ouïgoure du Xinjiang

22-23
Caractères « Temple Xian Yan », inscription de Suo Jing, enregistrée dans le manuscrit de Dunhuang P. 3720, Registres des grottes de Mogao

24-25
Briques peintes représentant des scènes de semis, dynasties des Wei et des Jin, collections du Musée municipal de Dunhuang
Tableau représentant des relais des postes, dynasties des Wei et des Jin, collections du Musée provincial du Gansu

26-27
Pagode du Cheval Blanc, au sud-est de la cité antique de Shazhou à Dunhuang

30-31
Bodhisattva Maitreya dans la grotte 275 ; intérieur de la grotte 268, dynastie des Liang du Nord

34-35
Grotte 257, dynastie des Wei du Nord
Grotte 285, dynastie des Wei occidentaux

36-37
Peinture de la grotte 296 ; intérieur de la grotte 428, dynastie des Zhou du Nord

38-39
Figurines de la tombe d'An Pu, dynastie Tang, collections du Musée de Luoyang
L'ancienne Route de la soie

40-41
Sculpture peinte dans la grotte 427, dynastie des Sui

42-43
Statue du maître Xuanzang de l'époque des Tang, époque de la République de Chine, collections du temple Xingjiao à Xi'an
Statue géante du Bouddha Maitreya dans la grotte 96, dynastie des Tang

44-45
Peintures de la grotte 220, dynastie des Tang

46-47
Brique peinte, dynastie des Tang, collections du Musée municipal de Dunhuang

48-49
Sculpture peinte dans la grotte 45 ; peintures dans les grottes 217, 45 et 23, dynastie des Tang

50-51
Image du Tsenpo des Tubo, grotte 159, dynastie des Tang

54-55
Image de Cao Yijin, grotte de Yulin 16 ; image du roi Khotan, grotte de Mogao 98, période des Cinq Dynasties

56-57
Peintures de Manjushri, grotte Yulin 25, dynastie des Tang
Entrée de la Grotte de la bibliothèque (grotte 17), fin de la dynastie des Tang
Image de Cao Yuanzhong, grotte de Yulin 19, période des Cinq Dynasties

58-59
Peintures murales de la grotte 409, période Huihu de Shazhou

60-61
Grottes de Yulin
Images du moine Tangut et de Zhao Mayu, grotte de Yulin 29 ; intérieur de la grotte de Mogao 465, royaume des Xia occidentaux

Index

62–63

Stèle à mantra sanskrit hexasyllabe, dynastie des Yuan, collections de l'Académie de Dunhuang

66–67

Intérieur de la grotte 344 (vieille photo), dynastie des Qing

68–69

Grotte 16

Peinture sur papier de Dunhuang p.4518 (24), collections de la Bibliothèque nationale de France

Manuscrit de Dunhuang p.5538, Lettre du roi de Khotan à Cao Yuanzhong, Collections de la Bibliothèque nationale de France

Manuscrit de Dunhuang Livre des nuages et des prévisions météorologiques, collections du Musée municipal de Dunhuang

70–71

Intérieur de la grotte 244, dynastie des Sui

72–73

Zone de bureaux de l'Académie de Dunhuang

Monument du classement sur la liste gu patrimoine mondial de l'UNESCO aux grottes de Mogao

74–75

Site de la passe de Yumen, de la montagne des Sables chantants, de la source du Croissant de lune et des grottes de Mogao, ville de Dunhuang, province du Gansu

Peinture de la grotte 130, dynastie des Tang

索引

4—5
古代敦煌地域范围示意图
汉代玉门关遗址

6—7
新石器时代砍砸器，玉门砂锅梁遗址
新石器时代双耳陶罐、彩陶鹰形壶、陶埙，甘肃省博物馆藏

8—9
乌孙人形象，俄罗斯考古学家复原
伊犁河流域示意图

12—13
河仓城、马圈湾烽燧、悬泉置复原模型，敦煌市博物馆陈列

14—15
西汉敦煌郡示意图

18—19
《裴岑纪功碑》，新疆维吾尔自治区博物馆藏

22—23
索靖题壁"仙岩寺"，敦煌文献 P.3720《莫高窟记》记载

24—25
魏晋画像砖《播种图》，敦煌市博物馆藏
魏晋画像砖《驿使图》，甘肃省博物馆藏

26—27
白马塔，甘肃省敦煌市沙州古城东南

30—31
莫高窟第 275 窟弥勒菩萨、第 268 窟内景，北凉

34—35
莫高窟第 257 窟《鹿王本生图》，北魏
莫高窟第 285 窟小沙弥守戒故事国王像、窟顶东坡壁画，西魏

36—37
莫高窟第 296 窟《商旅过桥图》、第 428 窟内景，北周

38—39
唐安菩墓胡人俑，洛阳博物馆藏
丝绸之路示意图

40—41
莫高窟第 427 窟彩塑像，隋代

42—43
民国玄奘法师石刻像，西安兴教寺存
莫高窟第 96 窟弥勒大佛像，唐代

44—45
莫高窟第 220 窟东方药师变、维摩诘经变，唐代

46—47
唐代胡人牵驼砖，敦煌市博物馆藏

48—49
莫高窟第 45 窟彩塑像、第 217 窟《佛陀波利巡礼五台山》、第 45 窟《胡商遇盗图》、第 23 窟《雨中耕作图》，唐代

50—51
莫高窟第 159 窟吐蕃赞普像，唐代

54—55
榆林窟第 16 窟曹议金像、莫高窟第 98 窟于阗王像，五代

56—57
榆林窟第 25 窟文殊变，唐代
莫高窟第 17 窟藏经洞入口
榆林窟第 19 窟曹元忠像，五代

58—59
莫高窟第 409 窟东壁壁画，沙州回鹘时期

60—61
榆林窟外景
榆林窟第 29 窟西壁智海和赵麻玉像、莫高窟第 465 窟内景，西夏

62—63
元代《六字真言碣》，敦煌研究院藏

65—67
莫高窟第 344 窟内景（老照片），清代

68—69
莫高窟第 16 窟甬道北壁
敦煌纸画 P.4518(24) 祆神画像，法国国家图书馆藏
敦煌文献 P.5538《于阗国王与曹元忠书》，法国国家图书馆藏
敦煌文献《占云气书》，敦煌市博物馆藏

70—71
莫高窟第 244 窟内景，隋代

72—73
敦煌研究院办公区
莫高窟世界文化遗产碑

74—75
玉门关遗址、鸣沙山、月牙泉、莫高窟，甘肃省敦煌市境内
莫高窟第 130 窟《都督夫人太原王氏礼佛图》局部，唐代

Chronologie de Dunhuang

Période du Néolithique
environ 2000 av. J.-C. à 1000 av. J.-C.

Période de conflit entre Wusun, Yuezhi et Xiongnu
vers le IIe siècle av. J.-C.

Dynastie des Han occidentaux
121 av. J.-C.-8 apr. J.-C.

Dynastie Xin
9 apr. J.-C.-23 apr. J.-C

Dynastie des Han orientaux
25 à 220 ap. J.-C.

Période des Wei des Trois Royaumes
220-265

Dynastie des Jin occidentaux
265-317

Dynastie des Jin orientaux, 317-420
Qin antérieurs, 318-376
Liang antérieurs, 376-386
Dynastie des Liang postérieurs, 386-398
Dynastie des Liang du Nord, 398-400
Dynastie des Liang occidentaux, 400-421
Dynastie des Liang du Nord, 421-439

Dynastie des Wei du Nord
439-534

Dynastie des Wei occidentaux
535-556

Dynastie des Zhou du Nord
557-581

Dynastie des Sui
581-618

Dynastie des Tang, 618-907
Début de la dynastie des Tang, 618-704
Les grands Tang, 705-785
Les Tang intermédiaires (période des Tubo), 786-847
Fin de la dynastie des Tang (période de l'armée Guiyi dirigée par Zhang), 848-907

Période des Cinq Dynasties, 907-960
Dynastie des Liang postérieurs, 907-923
Dynastie des Tang postérieurs, 923-936
Dynastie des Jin postérieurs, 936-947
Dynastie des Han postérieurs, 947-950
Dynastie des Zhou postérieurs, 951-960

Dynastie des Song du Nord
960-1035

Empire des Xia occidentaux
1036-1227

Dynastie des Yuan
1227-1368

Dynastie des Ming
1368-1644

Dynastie des Qing
1644-1911

Période de la République de Chine
1912-1949

République populaire de Chine
de 1949 à aujourd'hui

Note de l'auteur :
Les dynasties mentionnées ici plaçaient officiellement Dunhuang sous leur juridiction. Il ne s'agit donc pas de la chronologie exacte de la Chine ancienne avant la dynastie des Yuan. Par exemple, la dynastie des Han occidentaux a débuté en 202 av. J.-C., alors que la chronologie ici indique 121 av. J.-C., l'année où les autorités des Han occidentaux établirent des préfectures dans la région. Pour d'autres exemples, veuillez vous référer au texte principal.

敦煌历史纪年表

新石器时代
约公元前 2000 年 — 约公元前 1000 年

乌孙、月氏、匈奴争夺期
约公元前 2 世纪

西汉
元狩二年（公元前 121 年）— 初始元年（8 年）

新莽
始建国元年（9 年）— 地皇四年（23 年）

东汉
建武元年（25 年）— 延康元年（220 年）

三国曹魏
黄初元年（220 年）— 咸熙二年（265 年）

西晋
泰始元年（265 年）— 建兴五年（317 年）

东晋 建武元年（317年）- 元熙二年（420年）
前凉 建兴六年（318 年）— 咸安六年（376 年）
前秦 建元十二年（376 年）— 太安二年（386 年）
后凉 太安元年（386 年）— 龙飞三年（398 年）
北凉（段业）神玺二年（398 年）— 天玺二年（400 年）
西凉 庚子元年（400 年）— 永建二年（421 年）
北凉 玄始十年（421 年）— 永和七年（439 年）

北魏
太延五年（439 年）— 永熙三年（534 年）

西魏
大统元年（535 年）— 恭帝三年（556 年）

北周
宇文觉元年（557 年）— 大定元年（581 年）

隋
开皇元年（581 年）— 义宁二年（618 年）

唐 武德元年（618年）- 天祐四年（907年）
初唐 武德元年（618 年）— 长安四年（704 年）
盛唐 神龙元年（705 年）— 贞元元年（785 年）
中唐（吐蕃时代）贞元二年（786 年）— 大中元年（847 年）
晚唐（张氏归义军）大中二年（848 年）— 天祐四年（907 年）

五代（西汉金山国至曹氏归义军前期）开平元年（907年）- 显德七年（960年）
后梁 开平元年（907 年）— 龙德三年（923 年）
后唐 同光元年（923 年）— 清泰三年（936 年）
后晋 天福元年（936 年）— 开运四年（947 年）
后汉 天福十二年（947 年）— 乾祐三年（950 年）
后周 广顺元年（951 年）— 显德七年（960 年）

北宋（曹氏归义军后期）
建隆元年（960 年）— 景祐二年（1035 年）

西夏
大庆元年（1036 年）— 宝义元年（1227 年）

蒙古·元
成吉思汗二十二年（1227 年）— 至正二十八年（1368 年）

明
洪武元年（1368 年）— 崇祯十七年（1644 年）

清
顺治元年（1644 年）— 宣统三年（1911 年）

中华民国
1912 — 1949 年

中华人民共和国
1949 年 10 月 1 日至今

作者注

本表中，元代及元代之前朝代的起止时间为其实际统治敦煌的时间；而明代至中华民国时期敦煌地方形势较为复杂，故仅标出全国统一的朝代分期，具体情况见正文。

附录：中文全文

P3 今天，我们一起出发去敦煌喽！

那里有世界文化遗产莫高窟，可以看到中国古代最精美的壁画。

那里有鸣沙山和月牙泉，可以骑着骆驼在大漠中行走。

品尝葡萄、李广杏、甜瓜……每一种水果都是一段甜蜜的回忆。

敦煌，是古丝绸之路的咽喉重镇，曾是东西方文明交汇的枢纽。

P4 现在的敦煌是我国西北部的一座小城市。可是在古代，这里可是赫赫有名的大都会。

那时敦煌的地域范围很大，包括党河流域和疏勒河流域的广大地区，是中原通往西域的必经之地。

P5 "大叔，出了这个门您就走上阳关大道了，这批丝绸运到大秦（指罗马帝国）一定能大赚一笔！"

"小朋友，过了这个门就进敦煌了，这地儿可好玩儿了，你的通行证呢？"

P6 早在新石器时代，敦煌就有人类生活。这里出土了约公元前1600年的生产生活工具、农作物，发现了约公元前1000年的房屋遗址。

那时的人们，使用石刀、石锛（bēn）进行农业生产，种植麦、粟、黍等农作物。

他们还制作陶器作为生活用具，还有乐器陶埙（xūn）。

P7　早期人们以石镞（zú）为箭头进行狩猎，大量使用方便携带的细石器，捕获野生的牛、鹿、黄羊、羚羊等动物。

P8　据文字记载，敦煌最早是游牧民族繁衍生息的地方，乌孙人、月氏（zhī）人都曾在这里生活。

秦汉之际，月氏人与乌孙人交战，杀掉了乌孙首领，迫使乌孙人向西迁徙到天山以北。

P9　公元前2世纪初期，匈奴人强大起来，他们击败月氏人，占据了河西走廊和西域。

大部分月氏人被迫西迁到伊犁河流域，被称作"大月氏"；继续留在敦煌附近生活的，被称作"小月氏"。

P10　西汉初年，匈奴人不断侵扰汉朝北部边界，占据着河西走廊，阻碍着中原与西域的交通。

公元前121年，西汉大将霍去病两次带兵重创匈奴，收复了河西地区，置武威、酒泉二郡。

P11　建元二年（前139年），张骞（qiān）受汉武帝派遣出使西域。他带着一百多人的使团从长安出发，西行进入河西走廊后被匈奴人扣押。
直到元光六年（前129年）张骞才逃脱，继续西行至大宛（yuān），经康居，抵达大月氏，再至大夏，停留了一年多返回。
在归途中，张骞再次被匈奴人抓获。元朔三年（前126年）匈奴内乱，张骞才带着他的匈奴妻子和助手甘父乘机逃回汉朝。

这次出使，第一次使中原和西域有了直接交往，因此也被称为"张骞凿空"。

P12　公元前111年，西汉分武威、酒泉两郡，增设张掖（yè）、敦煌，并将长城从酒泉修筑到敦煌以西，在敦煌郡城西面设玉门关和阳关，完成了"列四郡，据两关"之势。从此，敦煌正式成为中原通往西域的门户和边防军事重镇。

"再也不怕匈奴人来打劫了！"

P13 这里是河仓城，是西汉在敦煌储备军需的大仓库。官兵将士从这里领取粮食、衣物和草料，以保证给养，鼓舞士气。

这里是马圈湾烽燧（suì），是古代用来传递警报的重要建筑。如果观察到有外敌入侵，士兵就点燃烽火，告诉大家敌人的数量、远近和军情紧急程度。

这里是悬泉置，是汉代的邮驿机构。和现在的邮局不同，这里不仅负责传递官府的文件，还为过往的官员和使者提供食宿、车辆、马匹和草料。

P14 西汉的敦煌郡包括六个县——敦煌、龙勒、效谷、广至、渊泉、冥安，郡治敦煌。这些县名都很有趣，有几个还有特别的意义。

敦煌县。"敦，大也；煌，盛也"，"敦煌"形容这里盛大辉煌。
龙勒县。史载，河南新野人暴利长因罪被罚在敦煌放马，他用勒马索抓住天马，献给了汉武帝。天马被认为是龙驹，所以抓住天马的地方就被称为"龙勒"。

P15 效谷县。以前这里被称为"渔泽障"，汉武帝时都尉崔不意教百姓开垦田地，以勤效得谷，故名"效谷"。
渊泉县因当地泉水特别多而得名，看来敦煌在古代不像现在这么干旱哟！

汉武帝多次将内地的居民迁移到这里，并组织移民和士兵开垦土地、种植粮食。敦煌逐渐成为中原王朝经营西域、交通贸易的重要基地。

P16 西汉末年，王莽篡位，中原大乱，包括敦煌在内的河西地区也危机四伏。自愿到河西为官的窦融，因懂得团结各族人民、抚慰百姓被推举为河西五郡（汉昭帝时在河西四郡基础上增设金城郡，合称"河西五郡"）大将军。

P17 在他的带领下,河西不仅抵御了羌、匈奴的侵扰,还发展了农业和畜牧业,成为避乱者乐于投奔的安居之地。

"世道这么乱,我要找一个地方让母亲安度晚年,河西最合适!"
"关中粮价太贵了,一石(dàn)米都要两千钱了!河西一石米才两百钱,咱们都到河西安家吧!"

P18 东汉时期(25—220年),北匈奴崛起,敦煌成为汉王朝统领西域的军政中心。东汉中后期,主管西域事务的护西域副校尉常驻敦煌。

永和二年(137年),北匈奴袭扰西域,敦煌太守裴岑率兵三千人前往西域迎击。
裴岑在蒲类海大获全胜并立《裴岑纪功碑》纪念这次胜利。

P19 当时敦煌有位多次打败匈奴、屡立战功的名将,名叫张奂。他也是当时著名的学者。
张奂的长子就是被誉为"草圣"的书法家张芝。张芝从小在水池边练习书法,整池水都被墨染黑。

这时敦煌还出现了一个叫"小浮屠里"的地方,"浮屠"是佛陀或佛塔的音译,说明佛教这时已传入敦煌。

P20 三国魏文帝曹丕时,河西继续实行西汉以来的屯戍(shù)政策,促进了敦煌地区社会经济的发展。太和元年(227年),仓慈继任敦煌太守。
他上任后,打压抑制当地的豪强大族,维护了敦煌的安定繁荣。

"请把土地分给没有田地的百姓耕种!"
"积压这么多年的案子要公正快速地审完!"
"不能让豪强敲诈胡商,必要时请派兵保护商队!"

P21 嘉平元年（249年），皇甫隆出任敦煌太守，大力推广中原的先进生产工具和耕作技术，大大提高了敦煌的农作物产量，还改变了敦煌妇女做一条裙子要用一匹布的旧俗。

这里以前的农耕技术太落后了，现在有了耧（lóu）犁和衍溉法，省了一半的力不说，还多收了五成的粮食！
耧犁是古代耕种用的农具，可以一边开沟一边播种，实在是太方便了！
原来做一条羊肠大裙就要用掉一匹布！现在这款裙子多好，又省布又轻便！

P22 西晋初年，东吴降将吾彦调任敦煌太守。他在敦煌镇守数年，亲自带领百姓耕种，鼓励大家积极生产，延续了敦煌经济的繁荣。

敦煌名僧竺（zhú）法护，八岁出家，遍游西域，通晓多种语言。晋武帝时，他携带大量佛经东归，从敦煌前往长安，沿路翻译佛经并传播佛法。

太康五年（284年），竺法护回到敦煌，在弟子和信众的协助下，完成《修行道地经》和《阿惟越致遮经》的翻译。竺法护一生共翻译佛经165部，被当时的人们称为"敦煌菩萨"。

P23 这时敦煌文化发达，出现了一批著名学者。

敦煌郡的索靖、氾（fán）衷、张甝（hán）、索紾（zhěn）、索永一同入太学学习，号称"敦煌五龙"。

索靖为敦煌龙勒人，是西晋著名的将领和学者。索靖擅长草书，还是一位书法理论家，著有《草书状》。游览鸣沙山后，他还在莫高窟的崖面上题写过"仙岩寺"三个大字（现已不存）。

P24 西晋末年，中原大乱，前来河西避难的人日月相继。他们的到来不仅补充了敦煌的劳动力，还带来了中原的文化和技术。

永宁元年（301年），张轨出任凉州刺史。他到任后，重视农业和教育，安置流民，提拔贤才，使河西稳步发展。

此时，任敦煌太守的阴澹（dàn）在敦煌城西南修七里长渠用于灌溉。当地百姓受益不尽，将此渠称为"阴安渠"。

P25 东晋永和元年（345年），凉州牧张骏将敦煌、晋昌、高昌三郡和西域都护、戊己校尉、玉门大护军三营合并成沙州，治所敦煌，任命西胡校尉杨宣为刺史。
杨宣任内，曾组织民众兴修水利，建五石斗门，堰水溉田，在原来平渠的基础上，重建成十五里的"阳（杨）开渠"。

这时候敦煌人习惯在墓室的墙砖上绘画，不仅绘出各种奇禽异兽，还绘出农耕、采摘、畜牧、屠宰、烹饪、宴饮、出行等各种日常生活的画面。

P26 前秦建元二年（366年），一个名叫乐僔（zǔn）的和尚来到鸣沙山的断崖前，他面前忽然出现了万道金光，其中仿佛有千佛闪耀，于是他在这里开凿了莫高窟的第一个洞窟。

建元十二年（376年），前秦灭前凉，将包括敦煌在内的河西地区归入治下。前秦皇帝苻（fú）坚把江汉、中原百姓一万七千余户迁到敦煌，促进了敦煌地区的开发。

P27 前秦大将吕光从龟兹带回了著名的翻译家、高僧鸠摩罗什。途中，鸠摩罗什的坐骑白马在敦煌病死。相传现在敦煌市城西的白马塔就是为了纪念它。

"我昨晚梦见小白跑来告诉我，它是佛祖派来送我去东土传法的。现在任务完成了，它也要离开了！"

苻坚死后，吕光割据凉州，建立了后凉政权。麟嘉七年（395年），后凉内乱，西奔敦煌地区的人有数千户，又一次为这里输入了大量的人力。

后凉的敦煌太守孟敏主持修建了敦煌城南的水渠，人称"孟授渠"。孟敏去世后，百姓在城西五里立"孟庙"纪念他。

P28 东晋隆安四年（400年），敦煌太守李暠（hào）被推举为大将军、凉公，建立西凉政权。西凉定都敦煌，敦煌在历史上第一次成为都城。

西凉建立了县、乡、里三级行政管理机构，实行严密的编户制度，并鼓励生产。

敦煌地区出现了五谷丰登、百姓乐业的景象。

P29 李暠在敦煌城内为其父立先王庙，设立了官方学府泮（pàn）宫，学生多达五百人。于阗（tián）、鄯（shàn）善等西域王国也来此朝贡，敦煌已然有都城之派。

但卢水胡人沮渠蒙逊建立的北凉政权对西凉构成很大威胁，于是李暠于西凉建初元年（405年）迁都酒泉与之对抗。同时带走了两万三千户，敦煌实力大为削弱。

迁都酒泉后，西凉加强了敦煌的防守，修复了多段旧塞城墙以防御外敌。

"敦煌是个全国有名的地方，百姓忠厚，文人辈出。儿子你一定要施行利于百姓的政策！"

P30 西凉嘉兴四年（420年），北凉大败西凉。北凉国君沮渠蒙逊派喜好杀戮的索元绪任敦煌太守，不得人心。敦煌郡的宋承、张弘等人联合原西凉敦煌太守李恂（xún）赶走了索元绪。

李恂被推举为冠军将军、凉州刺史，面对沮渠蒙逊派来的大军，李恂闭门不战，坚守敦煌。421年，沮渠蒙逊亲自率兵攻城。李恂兵败自杀，沮渠蒙逊纵兵屠城。一时敦煌城毁人亡，满目疮痍。

P31 沮渠蒙逊虽然是匈奴后裔，但重视汉文化，身边笼络不少敦煌文人。阚骃（kàn yīn）、宋繇（yáo）、刘昞（bǐng）都继续受到重用，刘昞后来还被尊为国师。

"咱们都是一家人！"

这一时期营建了莫高窟现存年代最早的三个洞窟，即现在编号为268、272和275的"北凉三窟"，是集禅修、礼拜和讲经说法为一体的禅室、佛殿和佛堂的组合。

P32 北魏太延五年（439年），北魏灭北凉，原北凉的酒泉太守沮渠无讳（huì）逃到敦煌继续抵抗。三年后，沮渠无讳撤离敦煌，带走了万余户聚集敦煌的河西精英。在北凉灭西凉和北魏灭北凉的两次兵祸之中，敦煌遭到了前所未有的破坏。

同年，李暠之孙李宝占据敦煌，归降北魏，被封为沙州牧、敦煌公。他修复城池，安置流民，敦煌重新获得了安定。

太平真君五年（444年），为经营西域和抗击北方的柔然，北魏直接控制敦煌，建敦煌镇。两次从敦煌发兵西域，丝绸之路再次打通，西域商人纷纷前来贸易。

P33 北魏献文帝时，柔然控制了西域。敦煌成为抗击柔然的前沿阵地。敦煌军民在镇将尉多侯、乐洛生的率领下，几败柔然，保住了敦煌。

北魏太和九年（485年），穆亮任敦煌镇都大将，他为政宽简，赈恤穷乏，敦煌经济得到恢复。但常年征战，人口流失，人力物力的损失很难迅速恢复。

P34 正光五年（524年），北魏改敦煌镇为瓜州。因为日照时间长、昼夜温差大，所以敦煌水果糖分含量高，味道特别甜。"瓜州"就是因敦煌盛产好吃的甜瓜而来。北魏派皇族元荣出任瓜州刺史，治理敦煌近二十年。他团结豪右，保境安民，出资写经十余部，还在莫高窟开凿大型洞窟。

这一时期，敦煌壁画以故事画见长，最为著名的九色鹿连环画《鹿王本生图》就出自北魏莫高窟第257窟。

P35 元荣在西魏时继续任职，主持开凿了著名的"东阳王窟"，即莫高窟第285窟。这时的壁画出现了褒衣博带、秀骨清像的人物形象，应是元荣从中原带来的新风格。

"以前，敦煌壁画受西域的影响，人物都是粗壮健硕的模样。"
"你看起来好瘦啊，你的衣服好大啊！又瘦又飘逸，这是中原的新潮流吧！"

P36 北周初年的敦煌太守令狐休，为人清廉节俭，推行奖励农耕的政策，把敦煌治理得井井有条。中原和西域的交通畅通无阻，敦煌的各项事业都呈上升发展的趋势。

建平郡公于义任瓜州刺史时继续在莫高窟开窟造像，莫高窟第428窟被认为是他带领沙州和凉州的僧侣、百姓共一千多人集资开凿的。

P37 这幅画是西域商旅通行丝路的场景，你看右边牵骆驼商人的大鼻子，他是一位典型"胡商"。"胡商"在那时主要指中亚的粟特商人。

"我面前的四方形柱叫作'中心塔柱'，有这种方柱的洞窟叫'中心柱窟'。"

P38 隋代，全国重新统一在强大的中央王朝之下。大业三年（607年），改瓜州为敦煌郡。但这时西域商人多到张掖进行贸易活动。

隋代大臣裴矩根据自己掌管张掖贸易市场时搜集到的信息，写了《西域图记》一书，内容包括四十四国山川、姓氏、风土、服饰、物产等信息，并绘有地图。

"你是康国来的，给我讲讲你们康国的故事！这位兄弟是波斯来的，快给我介绍介绍你们波斯的特产！"
"我们波斯盛产精美织锦……"
"我们是最擅长贩运货物的商人……"

P39 隋代通西域的道路共有三条，北道、中道和南道，这三条道路在敦煌汇合。这就是敦煌被称为"丝绸之路的咽喉之地"的原因。

大业年间，西域高昌、康国、安国等三十多国使者先后来朝，贡献大量西域特产。隋朝使节也从西域带回各种方物。随着中原和西域的使团、商队往来增多，敦煌作为西域和中原经济文化交流中转站的地位日渐恢复。

高昌贡上赤盐和葡萄酒，康国贡上阿萨那香，龟兹贡上安息香和良马，于阗贡上美玉，吐火罗贡上神马……

"我从安国带回了五色盐，从罽（jì）宾带回了玛瑙，这是史国的舞女……"

P40 隋代皇帝信奉佛教，促进了敦煌佛教的发展。隋文帝曾令天下各州起塔供奉舍利，莫高窟的崇教寺也在其列。

隋代不仅在莫高窟开凿了大批的洞窟，藏经洞还出土了皇室成员的写经，可见隋王朝对敦煌的重视。
这里有隋秦王妃崔氏写的《思益经》，隋独孤皇后写的《大楼炭经》《太子慕魄经》，还有隋炀帝当太子时写的《大般涅槃经》呢！

P41 随着纺织和印染技术的发展，隋代已能生产出纹样精美的丝绸。此时许多西域锦缎纹样沿丝绸之路向中原传播，隋代服饰的纹样更丰富了！

"这个洞窟的佛像真高大！"

联珠纹是当时波斯织锦的代表纹样。这种纹样是由一串彼此相连的圆形或球形组成，圈中还绘以凤鸟、猛虎、狮子、大象、翼马、花卉等，整个图案显得生动活泼。这些时髦的纹样很快就进入了中国市场。

P42 隋末唐初，敦煌地区动荡不安，内有割据势力为乱，外有突厥等势力侵扰。

"我不给唐朝打工当什么瓜州刺史了，我要当敦煌王！"
"我爱大唐，决斗吧！"
"我们也不想给唐朝打工，窦伏明你来当我们的头儿！"
"看眼前的形势，大家还是跟我一起投唐吧！"
"占了西沙州，继续打瓜州！"
"我爱大唐！想占瓜州没门！"

P43 唐初西域处于西突厥的管控之下，周边吐谷（yù）浑、吐蕃（bō）都对瓜州虎视眈眈。故武德末、贞观初，唐朝关闭西北关津，不许百姓于此出境。贞观年间玄奘（zàng）西行求法之时，实际上是从瓜州偷渡出去的。

由于武则天崇信佛教，敦煌的佛事更盛。藏经洞保存了武则天组织抄写的宫廷写经《法华经》和《金刚经》。为了迎合武则天是弥勒降世的社会舆论，在禅师灵隐和居士阴祖的组织下，敦煌还营建了高达35.5米的弥勒大佛（北大像），这也是莫高窟最大的佛像。

P44 贞观之后，中原文化频繁西传，莫高窟艺术进入了一个新时期。莫高窟第220窟的壁画中，不仅再现了中原长安佛寺的景象，还有唐朝皇帝、各国首领和使者的肖像，大唐王朝贞观盛世的景象就这样被定格在敦煌的一个洞窟当中。

唐代是中原和西域乐舞艺术大交流、大融合的昌盛时期，这时宫廷和民间广泛流传从西域传来的舞蹈。壁画下方的这四名舞伎，两两相对起舞，这种节奏欢快的舞蹈就是西域传来的。

P45 这位坐在帐中的老者是维摩诘（jié），他精通大乘佛法且家财万贯。他正在跟佛教中智慧第一的文殊菩萨辩论。著名的唐代大诗人王维字摩诘，就是取维摩诘之意。

来听辩论的人真多啊！文殊这边有唐朝的皇帝，你看他头戴冕旒（liú），肩上有日月，这是只有皇帝才能穿的服装！

维摩诘这边是各国首领和使者。那位戴高帽、穿锦袍的是波斯王子，这位冠上插了两根鹖（hé）羽的使者来自朝鲜半岛。当时唐朝与东西各国的往来十分密切！

P46 盛唐时期，虽然西北地区战事频繁，但在国力蒸蒸日上的环境下，敦煌仍然得到了充分的发展。唐王朝通过县、乡、里各级政权组织和完备的户籍制度对敦煌地区实行有效的管理和严密的控制。

"效谷乡索罝（lì）才，年十五，家有五十六岁寡母，应授田、已授田、永业田、口分田、居住院宅和未授田数，均已登记完毕！"

唐代从高宗、武后至玄宗时期，一直都在河陇地区大兴屯田，敦煌农业得到了长足的发展。水渠灌溉系统得到完善，仅敦煌县就有6条主干渠、116条支渠，组成了强大的水利网。
同时，还配之以严密的管水配水制度，对水资源进行管理。

P47 "大家都说现在天下最富庶的地方就是陇右！"
"咱们敦煌也在这个范围内！"

当时敦煌市场上，有来自中原的丝绸、瓷器，也有来自西域的玉石、珍宝；有北方的驼马、毛织品，也有本地盛产的五谷，商品经济繁荣。东来西往的使者、商贾、僧侣、百姓，源源不断地通过敦煌往来于中原与西域，中国与印度、西亚之间。

"胡商中数我们粟特商人最多，城东的从化乡是专门给我们的定居点！"
"做生意就是互通有无，敦煌市场绝对国际范儿！"

P48 在这样的背景下，莫高窟也迎来了全盛时期。此时窟龛（kān）达一千余所，景象蔚为壮观。这一时期的敦煌艺术与中原唐风一脉相承，彩塑注重人体比例与人物性格的表达，壁画里描绘的佛国世界则是现实社会的真实写照。

这是敦煌最精美最完整的一组塑像，佛祖坐在正中间，离他最近的是一老一少两位弟子，其次是亭亭玉立的两位菩萨，最外侧是怒目圆睁的两位天王。仅仅通过他们的表情，我们就仿佛看到了他们的内心世界。

P49 这些胡商在贩运货物的路上遇到了强盗，他们丢在地上的货物里，有一捆丝绸！那时人人都爱中国的丝绸，它们绝对是丝路上的"硬通货"！

下雨了，农民伯伯还在地里辛勤劳作！
你看那坐在田边吃饭的一家三口多么温馨！

P50 天宝十四年（755年）安史之乱爆发后，唐王朝将西北精锐部队调到中原，吐蕃乘机占领陇右、河西的大片土地。

"大人，城里没有粮食了！军械也耗尽了！"
"告诉你们主帅，如果不把敦煌人迁徙到其他地方，我们愿意开城投降！"
"同意！"

贞元二年（786年），沙州以"勿徙（xǐ）他境"为条件，与吐蕃结城下之盟，开始吐蕃统治敦煌的中唐时期。

吐蕃占领敦煌初期，推行蕃化政策，要求敦煌汉人穿吐蕃装、说吐蕃话。这些政策引起敦煌人极大的反感，并引发了玉关驿户起义。

P51 敦煌的动荡引起了吐蕃上层的反思，于是转而利用当地的世家大族进行统治以缓和民族矛盾，并大力扶持佛教，借用宗教的力量来稳定局势。

这时敦煌佛教空前繁荣，寺院从十三所增加到十七所。出家人中有不少是不愿与吐蕃合作的唐朝官员和大族子弟，僧侣的文化水平得到了很大提高。很多僧人还积极参与政务，成为维护敦煌安定的重要力量。

"我堂堂大唐法曹参军，不能当吐蕃的官，出家去！"
"在吐蕃出家人也能参与政事，给赞普当顾问！"

敦煌高僧摩诃（hē）衍甚至到吐蕃王廷传播禅宗教义，引起了关于"顿渐之争"的佛教大辩论——吐蕃僧诤会。

莲花戒："渐悟！"
摩诃衍："顿悟！"

P52 大中二年（848年），敦煌人张议潮趁吐蕃内乱，率众起义。经过浴血奋战，张议潮等人一举收复瓜、沙二州。之后，他们又收复了肃、甘、伊等州。

大中五年（851年），受张议潮的委派，他的兄长张议潭携带河西陇右十一州图籍抵达长安向唐宣宗告捷。

"自古关西出将，这话一点儿不假！"

P53 这一年，唐王朝任命张议潮为归义军节度使，敦煌正式进入归义军时期。至咸通七年（866年）十月，归义军辖区终于"西尽伊吾，东接灵武，得地四千余里，户口百万之家，六郡山河，宛然而旧"！
咸通八年（867年），为了避免朝廷的猜忌，张议潮入居长安终老。在继任者问题上，归义军政权内部矛盾重重。经历了张、索、李等各大家族的争夺之后，到张承奉坐上了节度使之位时，归义军的有效辖区实际上只剩下了瓜、沙二州。

P54 后梁开平三年（909年），张承奉得知唐朝灭亡后，自称白衣天子，建立西汉金山国。"西汉"意为西部汉人之国，"金山"即敦煌境内的"金鞍山"。

"大唐没了，我们归义军怎么办？"
"坊间流行《白雀歌》，白雀是祥瑞之兆，您当称帝立国。"

金山国虽锐意进取，想收复失地，但在战争中屡遭失败。911年，回鹘（hú）大举进攻，金山国由于连年战争国力衰微，不得不与回鹘立城下之盟：回鹘可汗是父，金山国天子是子。

乾化四年（914年），出身敦煌另一大族的曹议金取代张承奉。曹议金认为必须要倚仗中原王朝的威势才能震慑局势，于是奉中原为正朔，自称"归义军节度兵马留后"。

P55 曹议金一方面注重与周边政权联姻，将两个女儿分别嫁给了甘州回鹘可汗和于阗王；另一方面积极吸收名门望族和少数民族头领参与归义军政权，得到境内军民的广泛支持。
"甘州、于阗一东一西，都要搞好关系！"
"岳父！"
"岳父！"

由于曹议金内外关系处理得当，此时归义军实力有所恢复。敦煌仍是丝绸之路的重要中转站，市场上充满来自东西方的商品。

"我们铺里有：橘皮胡桃瓤，栀子高良姜，陆路诃黎勒，大腹及槟榔；亦有莳（shí）萝荜拨，芜荑（yí）大黄，油麻椒蒜，河藕佛香；甜干枣，醋石榴；绢帽子，罗幞（fú）头；白矾（fán）皂矾，紫草苏芳；粆糖吃时牙齿美，饧（xíng）糖咬时舌头甜；市上买取新袄子，街头易得紫罗衫；阔口裤，崭新鞋，大胯腰带十三事……"

(P56) 曹议金之后，敦煌归义军政权一直由曹氏家族把持。其中，曹议金第三子曹元忠在位时间最长，他积极发展与周边民族的关系，同时与中原王朝保持联系，为敦煌带来一段安定繁荣的时光。

曹氏笃信佛教，这时官方设立画院，有能力营建大型洞窟。曹元忠主持营建了莫高窟的文殊堂，修缮了北大像。

"夫人，北大像下层的木结构年久失修，需要修修了！"
"夫君，我要亲自做饭，慰劳工匠！"

(P57) 著名的印度高僧法贤等人路过敦煌时，被节度使曹延禄扣留数月，请求他们在本地传法。后来高僧们只好把锡杖、钵盂（bō yú）等随身物品丢弃，只带着一些佛经离开敦煌。

曹元忠以后，归义军政权逐步衰落，内忧外患。11世纪初的某一天，敦煌人将大量的佛经、佛画及其他文物封存进了一个洞窟，并砌堵窟门、绘制壁画进行掩饰，这个窟就是后来的"藏经洞"。

(P58) 归义军晚期沙州回鹘势力崛起，约于北宋天圣八年（1030年）取代曹氏政权。这一时期的敦煌石窟中，出现了身穿龙袍的回鹘可汗像。

(P59) 北宋景祐三年（1036年），党项攻占敦煌，仍称沙州。两年后，党项建立西夏政权，一直与宋、辽争战，无暇西顾，对敦煌的控制很薄弱。所以不少人认为这时敦煌的实际统治者是沙州回鹘。

"宣使臣上殿！"

北宋天圣元年（1023年）至皇祐二年（1050年），沙州地方政权曾先后七次向北宋朝贡。

(P60) 北宋宝元元年（1038年），党项李元昊称帝建国，史称西夏。约西夏乾道元年（1068年），西夏加强了对瓜、沙二州的直接控制。这时榆林窟成为西夏重点营建的石窟。

"这里是佛教圣宫，这个洞窟是我们赵家的功德窟。这是国师西壁智海，把他的真容画在墙上一定能够保佑我们全家平安！"

西夏大安八年（1082年），为了和北宋进行战争，西夏曾从瓜、沙地区大规模征调百姓。西夏贞观十年（1110年），瓜、沙、肃三州发生饥荒，百姓流亡他乡。这些都使敦煌的社会经济一度遭到削弱。

P61 由于西夏的阻隔，来自西方的使者和商人纷纷避开敦煌，改从青海或蒙古草原进入中原。敦煌逐渐失去了丝路贸易中转站的地位。

"西夏收的税太高，我们不走敦煌了，改从青海道走！"
"西夏占着敦煌，我们也改走北方的蒙古草原了！"

西夏统治者重视佛教，从周边地区吸收多元的佛教文化，这时的石窟大胆创新，呈现出多种艺术风格。西夏晚期还引入了藏传密教，营建了莫高窟第一个藏密洞窟。

P62 1227年，蒙古灭西夏，占领敦煌，将其划入成吉思汗之孙拔都的封地。至元十四年（1277年），忽必烈将敦煌收归中央政府直接管辖，重新设置沙州。

敦煌再次成为河西交通线上的重要补给站。元朝建立后不久，意大利人马可·波罗途经敦煌。

"居民主要从事农耕，这里盛产小麦。沙州城中有许多寺院，供奉着各种各样的佛像。埋葬死者要请占卜者来挑选日子，下葬时准备大量的纸人纸马，还一直伴随着嘈杂的乐声。"

P63 至元十七年（1280年），沙州升格为路，设总管府。至元二十九年（1292年），元朝从沙州、瓜州往甘州强制移民，瓜、沙地区一度荒芜。

元成宗时重新派兵驻守瓜、沙地区。元朝常以宗室诸王驻镇管理敦煌，并注重扶持和利用佛教维护统治。

镇守沙州的西宁王速来蛮家族在莫高窟刻立了《六字真言碣（jié）》，其继任者牙罕沙重修了莫高窟皇庆寺。

P64　1368年，明朝建立。洪武五年（1372年），明将冯胜在肃州西七十里处建嘉峪关，作为明朝西部边关。嘉峪关通哈密之路成为中原与西域交通的主要通道，敦煌被弃置关外。

此后，明朝通过册封蒙古后裔间接管理敦煌等地，先后设立"关西七卫"，形成隔绝西部威胁的缓冲屏障。

"我们请求归附大明！"
"在敦煌设沙州卫，任命困即来和买住为指挥使！"

P65　永乐二年（1404年）设沙州卫，成化十五年（1479年）又在沙州故城置罕东卫。但由于内忧外患不断，明朝时期敦煌在文化上没有多少建树，莫高窟也没有新修洞窟。

"都别打了，安分守沙州！"
"继任的沙州卫指挥使喃哥兄弟打起来了！"

正德十一年（1516年），敦煌被吐鲁番贵族占领。由于当地百姓多次被迁入内地，至此敦煌人口空虚，本地文化传承几近断绝。因无人管理，莫高窟不少下层窟龛被风沙掩埋，佛像也屡遭破坏，满目凄凉。

P66　"老乡，你住哪儿？"
"我住岷（mín）州坊，我们从岷州搬过来的。"

1644年明亡，清兵入关，清朝定都北京。清朝在康熙时开始经营西域，嘉峪关以西的广大地区逐渐恢复。雍正元年（1723年）在敦煌设沙州所，后升格为卫。

在川陕总督岳钟琪的建议下，清朝从甘肃迁移2400余户百姓到敦煌屯田，由政府借给耕牛、农具、种子及七个月的口粮，给每户划分空地、发三两银子盖房，并按原籍分区进行管理，以原来的州县名命名安置地。

"疆宇新开增气象，边民辐辏（còu）往来通。"

雍正五年（1727年），光禄少卿汪隆来敦煌监理新城、衙署和兵房的修建。

P67 乾隆二十五年（1760年），升沙州卫为敦煌县。实行移民屯田之后，敦煌的经济开始复苏。农耕又成为当地的主要生产方式，水利建设也日益完善，人口增长迅速，莫高窟也重新见到香火。

嘉庆和道光年间，敦煌的佛教徒对莫高窟进行了大规模整修，针对当时百姓的信仰将一些洞窟进行改造，但艺术水平相对较低。

"快来快来，快拜拜送子娘娘，来年得个大胖娃娃！"

同治年间，西北地区爆发起义，敦煌一度成为战场，人口因此减少，经济上再次遭受打击。

P68 19世纪末，道士王圆箓来到莫高窟。这时，莫高窟看起来有些荒凉，崖面上的栈道多已不存在，底层洞窟很多都堆起积沙。

"我用烟袋锅敲了敲，有回音，里面一定有个洞！"
"咱们快扒开看看！哎呀，这么多值钱的古物！"

王道士于是自作主张当起了莫高窟的住持，用得到的香火钱按自己的想法整修洞窟。光绪二十六年（1900年），他在清理积沙的过程中意外发现了"藏经洞"。

P69 起初,王道士拿出部分写卷、佛画等分赠当地官员和乡绅,并未引起重视。1904年,甘肃布政司命敦煌县令汪宗翰将藏经洞文物就地封存,并责令王道士妥善保管,不许外流。

敦煌藏经洞为20世纪初最重要的考古大发现之一。藏经洞内保存了近七万件古代各类文献。除大量佛经以外,还有极具价值的官私文书和少数民族文字资料。

藏经洞艺术品主要有绢画、麻布画、纸画等,还有丝织品如彩幡(fān)、刺绣等,以及木雕艺术品。这些文献和文物反映了古代社会的方方面面,有着无法估量的价值。

P70 1907年,英国的斯坦因来到敦煌,用四个马蹄银从王道士手中换取了29箱藏经洞文物。

"斯大人说墙上的《西游记》壁画很好,他很崇拜里面的唐僧,他来这儿就是为了求取真经的。"
"好,我把经书拿出来让他挑!"

1908年,法国的伯希和来到了莫高窟,他用500两白银换取了藏经洞宝藏的精华。直到1910年,清学部才电令甘肃,拨款购买并运送藏经洞文献到北京收藏。

"我时间有限,所有佛画我要带走,非汉文的经卷也全部带走!"

P71 1921年,在苏俄国内战争中失败的数百名白俄匪军被安置到敦煌,莫高窟竟被当作天然监狱。他们在洞窟内生活了8个多月,烧炕、做饭,大量壁画被熏黑、涂抹、刻画,成为莫高窟历史上最大的劫难。

1907—1924年,先后闻讯而来的外国盗宝者斯坦因、伯希和、奥登堡和华尔纳等人,以谎言加白银,先后向王道士骗取数万件文献、大量绘画品,甚至还有莫高窟内的壁画、彩塑等其他文物。

P72 敦煌文献文物流散于世界各地，间接促进了一门世界性的显学——敦煌学的形成。自20世纪三四十年代开始，越来越多历史学、考古学和美术工作者投身到敦煌学的研究事业，莫高窟的知名度也越来越高。

1944年，国立敦煌艺术研究所成立，由法国归来的画家常书鸿任首任所长。他率领一批有志青年担负起保护洞窟、临摹壁画、研究敦煌文化的重任。

P73 1949年，新中国成立，敦煌艺术研究所的文物保护和研究工作全面开展起来。1950年，敦煌艺术研究所更名为敦煌文物研究所。

1984年，敦煌文物研究所扩建为敦煌研究院，成为全世界最大的敦煌石窟保护研究的科研实体。

1987年，莫高窟被联合国教科文组织列入"世界文化遗产名录"。

现在，敦煌研究院负责管理敦煌莫高窟、天水麦积山石窟、永靖炳灵寺石窟、瓜州榆林窟、敦煌西千佛洞和庆阳北石窟寺，是我国拥有世界文化遗产数量最多、跨区域范围最广的文博管理机构。

P74 1986年，敦煌被命名为"国家历史文化名城"。

2019年，敦煌莫高窟迎接全世界游客超过200万人次！

P75 今天，敦煌这颗古老丝绸之路上的明珠，正以全新的面貌迎接世界。

图书在版编目（CIP）数据

敦煌：从新石器时代到今天：汉法对照 / 赵晓星著；（法）雅克·罗杰·乔治·傅里叶译. -- 北京：朝华出版社，2025.1. -- ISBN 978-7-5054-5566-5

Ⅰ．K870.6-49

中国国家版本馆 CIP 数据核字第 2024A7Y956 号

敦煌：从新石器时代到今天

撰　　文	赵晓星
绘　　图	撒旦君
翻　　译	[法] 雅克·罗杰·乔治·傅里叶

出 版 人	汪　涛
责任编辑	张　璇
执行编辑	陈东宁
责任印制	陆竞赢　訾　坤
排版制作	刘洁琼

出版发行	朝华出版社		
社　　址	北京市西城区百万庄大街 24 号	邮政编码	100037
订购电话	（010）68996522		
传　　真	（010）88415258（发行部）		
联系版权	zhbq@cicg.org.cn		
网　　址	http://zhcb.cicg.org.cn		
印　　刷	天津联城印刷有限公司		
经　　销	全国新华书店		
开　　本	889mm×1194mm　1/16	字　　数	90 千字
印　　张	6.5		
版　　次	2025 年 1 月第 1 版　2025 年 1 月第 1 次印刷		
装　　别	平		
书　　号	ISBN 978-7-5054-5566-5		
定　　价	78.00 元		

版权所有　翻印必究·印装有误　负责调换

Titre original : 敦煌：从新石器时代到今天

Publié pour la première fois en Chine en 2022 par Beijing Arcadia Culture Communication Co., Ltd.

Droits de publication pour cette édition française par Editions Aurore

Tous droits réservés.

1ère edition en janvier 2025, 1ère impression en janvier 2025

Dunhuang : Du Néolithique à nos jours

Écrit par Zhao Xiaoxing

Illustré par Zhao Peng

Traduit par Jacques Fourrier

Publié par Editions Aurore

Adresse: 24 avenue Baiwanzhuang, arrondissement de Xicheng, Beijing 100037, RP de Chine

Tél: (8610) 68996522

Fax: (8610) 88415258 (service clientèle)

ISBN 978-7-5054-5566-5

Imprimé en République populaire de Chine